Quantitative Sozialforschung

Reihe herausgegeben von

Alice Barth, Institut für Politische Wissenschaft und Soziologie, Universität Bonn
Bonn, Deutschland

Nina Baur, Institut für Soziologie, Technische Universität Berlin
Berlin, Deutschland

Jörg Blasius, Institut für Politische Wissenschaft und Soziologie
Universität Bonn, Bonn, Deutschland

Rainer Diaz Bone, Soziologisches Seminar, Universität Luzern, Luzern, Schweiz

Maria Norkus, Institut für Soziologie, Technische Universität Berlin
Berlin, Deutschland

Guy Schwegler, Soziologisches Seminar, Universität Luzern, Luzern, Schweiz

Die Springer-Reihe „Quantitative Sozialforschung" hat zum Ziel, Methoden und Verfahren der quantitativen Sozialforschung leicht zugänglich, kompakt und anwendungsorientiert zu vermitteln. Jeder Band ist in sich abgeschlossen und bietet auf rund 100 Seiten einen Überblick über methodische Grundlagen, Voraussetzungen und Anwendungen eines bestimmten Verfahrens der quantitativen Sozialforschung. Zielpublikum sind Studierende und Forschende, die sich einen grundlegenden Überblick über ein Verfahren verschaffen wollen. Detailliert aufbereitete Beispiele sowie online bereitgestellte Daten und Syntaxdateien versetzen die Leserinnen und Leser in die Lage, konkrete Arbeitsschritte nachzuvollziehen und die Verfahren in der Folge selbst anzuwenden.

Thematisch nimmt die Reihe aktuelle Entwicklungen in den quantitativ orientierten Sozialwissenschaften auf, diskutiert jedoch auch methodologische Voraussetzungen und grundlagentheoretische Aspekte. Das thematische Spektrum erstreckt sich von statistischen Grundlagen wie Kreuztabellen, Korrelation und Regressionsverfahren über fortgeschrittene multivariate Verfahren wie Korrespondenzanalyse, Mehrebenenanalyse und Analyse latenter Klassen, als auch Umgang mit speziellen Datentypen wie Aggregat-, Geo- und Ereignisdaten. Weiterhin sollen Methoden der Datenerhebung, von der standardisierten Befragung bis zur Sammlung digitaler Daten, behandelt werden. Ergänzend dazu beinhaltet die Reihe auch Querschnittsthemen wie Datenaufbereitung und -visualisierung, Gewichtung und Imputation sowie Einführungen in entsprechende Software.

Die Autorinnen und Autoren haben nicht nur große Expertise auf dem jeweiligen Gebiet, sondern vor allem auch den Anspruch, die Inhalte so aufzubereiten, dass sie für alle Interessierten verständlich sind. Die verwendeten Beispiele kommen aus den Sozialwissenschaften und sind für Studierende wie Forschende inhaltlich gut nachvollziehbar. Die Reihe zeichnet sich besonders durch ihren starken Anwendungsbezug und die Verwendung frei zugänglicher Daten und Open-Source-Software wie R oder Python aus. Die verwendeten Beispieldaten, Syntaxdateien und andere elektronische Materialien werden auf GitHub bereitgestellt.

Matthias Sand · Michael Braun

Mehrebenenanalyse

Eine anwendungsorientierte
Einführung mit R

Matthias Sand
Leibniz-Institut für Sozialwissenschaften
GESIS
Mannheim, Deutschland

Michael Braun
München, Deutschland

ISSN 2662-9143 ISSN 2662-9151 (electronic)
Quantitative Sozialforschung
ISBN 978-3-658-47709-7 ISBN 978-3-658-47710-3 (eBook)
https://doi.org/10.1007/978-3-658-47710-3

Die Deutsche Nationalbibliothek verzeichnet diese Publikation in der Deutschen Nationalbibliografie; detaillierte bibliografische Daten sind im Internet über https://portal.dnb.de abrufbar.

© Der/die Herausgeber bzw. der/die Autor(en), exklusiv lizenziert an Springer Fachmedien Wiesbaden GmbH, ein Teil von Springer Nature 2025

Das Werk einschließlich aller seiner Teile ist urheberrechtlich geschützt. Jede Verwertung, die nicht ausdrücklich vom Urheberrechtsgesetz zugelassen ist, bedarf der vorherigen Zustimmung des Verlags. Das gilt insbesondere für Vervielfältigungen, Bearbeitungen, Übersetzungen, Mikroverfilmungen und die Einspeicherung und Verarbeitung in elektronischen Systemen.
Die Wiedergabe von allgemein beschreibenden Bezeichnungen, Marken, Unternehmensnamen etc. in diesem Werk bedeutet nicht, dass diese frei durch jede Person benutzt werden dürfen. Die Berechtigung zur Benutzung unterliegt, auch ohne gesonderten Hinweis hierzu, den Regeln des Markenrechts. Die Rechte des/der jeweiligen Zeicheninhaber*in sind zu beachten.
Der Verlag, die Autor*innen und die Herausgeber*innen gehen davon aus, dass die Angaben und Informationen in diesem Werk zum Zeitpunkt der Veröffentlichung vollständig und korrekt sind. Weder der Verlag noch die Autor*innen oder die Herausgeber*innen übernehmen, ausdrücklich oder implizit, Gewähr für den Inhalt des Werkes, etwaige Fehler oder Äußerungen. Der Verlag bleibt im Hinblick auf geografische Zuordnungen und Gebietsbezeichnungen in veröffentlichten Karten und Institutionsadressen neutral.

Planung/Lektorat: Katrin Emmerich
Springer VS ist ein Imprint der eingetragenen Gesellschaft Springer Fachmedien Wiesbaden GmbH und ist ein Teil von Springer Nature.
Die Anschrift der Gesellschaft ist: Abraham-Lincoln-Str. 46, 65189 Wiesbaden, Germany

Wenn Sie dieses Produkt entsorgen, geben Sie das Papier bitte zum Recycling.

Vorwort

Die Mehrebenenanalyse ist eine spezielle Regressionsanalyse, die angewendet wird, wenn Daten auf mehreren Ebenen vorliegen und das Ziel die Erklärung einer abhängigen Variablen auf der untersten Ebene ist. Ein Beispiel soll das erläutern: Als abhängige Variable soll die Leistung von Schülerinnen und Schülern erklärt werden. Dabei können zunächst unabhängige Variablen aus der gleichen Ebene herangezogen werden, also Variablen, die die Schülerinnen und Schüler charakterisieren. Die Schülerinnen und Schüler gehören nun zu jeweils einer Schulklasse als mittlerer Ebene, und auch aus dieser Ebene können unabhängige Variablen berücksichtigt werden, die ganze Schulklassen charakterisieren. Schließlich gehören die Schulklassen auch zu jeweils einer Schule. Auch von dieser Ebene können Daten zur Erklärung herangezogen werden.

Die Verwendung der Mehrebenenanalyse an Stelle einer konventionellen multiplen Regressionsanalyse kann aus statistischen Gründen erforderlich sein, um verzerrte Ergebnisse zu vermeiden. Die konventionelle multiple Regressionsanalyse setzt nämlich die Unabhängigkeit der Beobachtungen voraus, also z. B. der einzelnen Schülerinnen und Schüler in einer Schulklasse. Diese Unabhängigkeit ist aber nicht gegeben, wenn sich die einzelnen Schülerinnen und Schüler einer Klasse ähnlicher sind, als wenn sie unabhängig von Klassen aus der Gesamtheit aller Schülerinnen und Schüler ausgewählt werden. Dies kann der Fall sein, wenn die Schülerinnen und Schüler einer Schulklasse aus einer bestimmten Wohngegend kommen. Ein weiterer Grund für eine größere Ähnlichkeit von Schülerinnen und Schülern einer Klasse ist, dass diese sich die gleichen Lehrerinnen und Lehrer teilen. Dadurch werden die Effekte einiger unabhängiger Variablen möglicherweise überschätzt, und nicht-signifikante Effekte als signifikant angenommen.

Dies ist eine anwendungsorientierte Einführung. Auf Formeln haben wir weitgehend verzichtet, soweit sie nicht zum Verstehen unbedingt erforderlich sind. Diesbezüglich gibt es eine Reihe sehr guter statistischer Darstellungen, wie beispielsweise Goldstein (2010), Hox, Moerbeek & van de Schoot (2018), Raudenbush & Bryk (2002) sowie Snijders & Bosker (2012). Gelman & Hill (2009) bieten eine umfassende Einführung auf Grundlage von R, wobei auch auf Bayes-Modelle ausführlich eingegangen wird. Das Buch von Finch, Bolin & Kelley (2019) basiert ebenfalls auf R, ist aber nicht ganz so umfassend. Szmaragd & Leckie (2011) bieten eine sehr konzise Einführung auf der Grundlage von R. Rabe-Hesketh & Skrondal (2012) verwenden STATA. Hox & Roberts (2011) und Skrondal & Rabe-Hesketh (2004) sind sehr fortgeschrittene Darstellungen und eignen sich für eine weitergehende Beschäftigung mit dem Thema dieses Buches.

Was den Grundbestand des Wissens zur Mehrebenenanalyse betrifft, verzichten wir im Folgenden auch auf Verweise auf die Literatur. Referenzen führen wir im Wesentlichen nur bei einem Bezug zur aktuellen Diskussion ein. Schließlich sollte noch darauf hingewiesen werden, dass zum Verständnis des Buches grundlegende Kenntnisse der Regressionsanalyse erforderlich sind.

Zur Illustration verwenden wir Analysen mit dem Paket `lme4` des Programms R, das als Open-Source Software frei verfügbar ist. Der vorliegende Band kann natürlich keine Einführung in R bieten. Dennoch versuchen wir auf wenigen Seiten, für die Leser und Leserinnen einen Zugang zu diesem Programm zu schaffen, auch durch Verweise auf die einschlägige Literatur.

Eine deutschsprachige Einführung muss sich mit der Herausforderung auseinandersetzen, wie englischsprachige Fachbegriffe behandelt werden sollen, für die es keine etablierten deutschen Übersetzungen gibt. Die Verwendung neu konstruierter deutscher Begriffe oder von bereits existierenden, aber nur selten verwendeten Entsprechungen haben wir vermieden, um den Lesern und Leserinnen den Zugang zu der meist englischsprachigen Originalliteratur nicht zu erschweren. Wir haben uns deshalb in den meisten Fällen dazu entschieden, den englischen Begriff zu verwenden und ihn lediglich auf Deutsch zu erklären. In diesem Sinne bleibt etwa „Random-Slope" und „Cross-Level" unübersetzt. Bei Verwendung eines deutschsprachigen Begriffes haben wir beim erstmaligen Auftreten häufig die englischsprachige Bezeichnung hinzugefügt, z. B. bei „Steigung (slope)".

Die in diesem Buch vorgestellten Analysen wurden mit der `R-Version 4.3.2` sowie der `R- Studio-Version 2023.12.1.402` durchgeführt. Ergänzende Ausführungen zu den Kap. 5 und 7 sowie der verwendete Datensatz befindet sich im elektronischen Zusatzmaterial.

Mannheim, Deutschland Matthias Sand
München, Deutschland Michael Braun

Inhaltsverzeichnis

1 Einführung, Logik der Mehrebenenanalyse 1
    1.1   Ziel der Mehrebenenanalyse............................... 1
    1.2   Traditionelle Verfahren zur Analyse von Mehrebenendaten....... 3
    1.3   Das „Mehrebenenproblem" und seine Lösung................ 5
    1.4   Voraussetzungen der Mehrebenenanalyse.................... 7

2 Das Basismodell der Mehrebenenanalyse 11
    2.1   Das Varianzkomponenten-Modell.......................... 17
    2.2   Random-Intercept Modelle............................... 19
    2.3   Random-Slope Modelle 20
    2.4   Modellvergleiche....................................... 21
    2.5   Gütekriterien.. 23

3 Exkurs: Eine kleine Einführung in R 25

4 Daten zur Veranschaulichung 29

5 Umsetzung der Mehrebenenmodelle für eine metrische abhängige Variable in R.. 31
    5.1   Das Varianzkomponenten-Modell.......................... 34
    5.2   Random-Intercept Modell mit Effekten auf niedrigerer Ebene 38
    5.3   Hinzufügen von Informationen für höhere Einheiten........... 43
    5.4   Random-Intercept Modell mit Variablen auf der niedrigeren und der höheren Ebene 46
    5.5   Random-Slope Modelle 48
    5.6   Random-Slope Modell mit zusätzlicher Cross-Level Interaktion... 51
    5.7   Zusammenfassender Modell-Vergleich...................... 56
    5.8   Empfehlungen beim Vergleich von Mehrebenenmodellen........ 58

	5.9 Was tun bei Problemen?	59
	5.10 Zentrierung unabhängiger Variablen	60
6	**Kreuzklassifizierte (cross-classified) Daten**	67
7	**Longitudinaldaten**	75
8	**Besondere Probleme und Versuche ihrer Lösung**	83
	8.1 Noch einmal: Die Frage der notwendigen Fallzahlen	83
	8.2 Random-Slope Modelle oder Random-Intercept Modelle	85
	8.3 (Full) Maximum-Likelihood oder Restricted Maximum-Likelihood Schätzer	86
Literatur		87

Einführung, Logik der Mehrebenenanalyse

1.1 Ziel der Mehrebenenanalyse

Mehrebenenanalysen (multilevel modeling) werden verwendet, wenn Daten auf verschiedenen Ebenen auftreten. Wenn beispielsweise als abhängige Variable die Leistung von Schülerinnen und Schülern erklärt werden soll, könnte man etwa die Ebenen der Schülerinnen und Schüler, der Schulklassen und der Schulen unterscheiden. Dabei können zur Erklärung der Schulleistung zunächst unabhängige Variablen aus der Ebene der Schülerinnen und Schüler herangezogen werden, also etwa das Geschlecht oder der Migrationshintergrund der Schülerinnen und Schüler. Die Schülerinnen und Schüler gehören nun zu jeweils einer Schulklasse als mittlerer Ebene und auch aus dieser Ebene können unabhängige Variablen berücksichtigt werden, wie zum Beispiel der Anteil der Schülerinnen und Schüler mit Migrationshintergrund oder die Qualifikation der Lehrer und Lehrerinnen. Schließlich gehören die Schulklassen auch zu jeweils einer Schule. Auch von dieser Ebene können Daten zur Erklärung herangezogen werden. Eine Schulvariable könnte etwa die Qualifikation der Direktorin bzw. des Direktors sein bzw. die räumliche Lage der Schule (Einzugsgebiet).

Die Verwendung der Mehrebenenanalyse an Stelle einer konventionellen multiplen Regressionsanalyse kann aus statistischen Gründen erforderlich sein, um verzerrte Ergebnisse zu vermeiden. Die konventionelle multiple Regressionsanalyse setzt nämlich die Unabhängigkeit der Beobachtungen voraus, also z. B. der einzelnen Schülerinnen und Schüler in einer Schulklasse. Diese Unabhängigkeit ist aber nicht gegeben, wenn sich die einzelnen Schülerinnen und Schüler einer Klasse ähnlicher sind, als wenn sie unabhängig von Klassen aus der Gesamtheit aller Schülerinnen und Schüler ausgewählt werden, z. B. wenn sie aus dem gleichen Stadtviertel kommen. Dadurch werden die Effekte einiger unabhängiger Variablen möglicherweise überschätzt und nicht-signifikante Effekte als signifikant angenommen.

Die niedrigste Ebene wird häufig auch als individuelle Ebene oder Mikro-Ebene bezeichnet, die höhere Ebene auch als Gruppen-Ebene oder Makro-Ebene.

Es gibt eine ganze Reihe von unterschiedlichen Forschungsfragen, zu denen Daten auf mehreren Ebenen vorliegen und die Einheiten der niedrigeren Ebene zu einer der Einheiten der höheren Ebene gehören, und in denen deshalb eine Mehrebenenanalyse sinnvoll sein kann. Dies ist in den folgenden beiden Fällen offensichtlich: Wenn Organisationen/Schulen die höheren Einheiten sind, können Mitglieder/Schülerinnen und Schüler die niedrigste Ebene bilden. Wenn Länder die höhere Ebene sind, können die Befragten die niedrigere Ebene bilden. Es gibt aber auch weniger offensichtliche Möglichkeiten: Interviewer und Interviewerinnen können die höheren Einheiten und die Befragten die niedrigere Ebene darstellen. Sogar einzelne Befragte könnten die höhere Ebene bilden. In diesem Fall bilden etwa verschiedene Zeitpunkte, zu denen die gleichen Variablen bei den gleichen Befragten erhoben wurden, die untere Ebene. Dies ist der Fall bei Paneldaten. Es können aber auch verschiedene Items, die zur Operationalisierung desselben Konzepts verwendet werden, die niedrigere Ebene bilden. Die höhere Ebene wäre auch hier beispielsweise die der Befragten.

Die Mehrebenenanalyse ist weiterhin nicht auf den Fall zweier unterschiedlicher Ebenen beschränkt. Eine gewisse Begrenzung der Zahl der Ebenen stellt hier allerdings die Datenverfügbarkeit dar (dazu weiter unten mehr). Abb. 1.1 bietet eine grafische Darstellung eines dreistufigen Mehrebenenmodells mit Schülerinnen und Schülern als niedrigster, Klassen als mittlerer und Schulen als höchster Ebene:

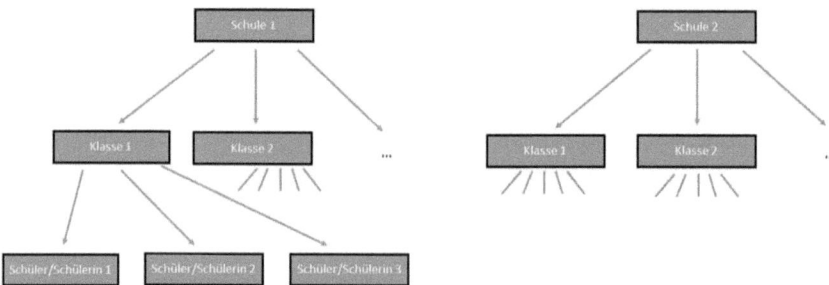

Abb. 1.1 Mehrebenenmodell mit drei Ebenen (Schülerinnen und Schüler, Klassen, Schulen). (Eigene Darstellung)

Zwischen den Ebenen besteht in diesem Beispiel eine hierarchische Struktur, bei der alle Elemente der niedrigeren Ebene in jeweils einem Element der höheren Ebene enthalten sind. In dem hier angesprochenen Fall darf es damit auch keine Schülerinnen und Schüler geben, die mehr als einer Schule zugeordnet werden können. Sonst hätten die Daten keine hierarchische Struktur.

In der Praxis tritt zwar am häufigsten der Fall auf, dass jede Einheit einer niedrigeren Ebene genau zu einer Einheit einer höheren Ebene gehört. Beispielsweise gehören Schülerinnen und Schüler in der Regel zu einer und nur zu einer Klasse. Das muss aber nicht zwingend so sein, insbesondere wenn man den Verlauf über die Zeit mit einbezieht. Schülerinnen und Schüler sind vielleicht zwar nur in einer Klasse einer bestimmten Grundschule, können jedoch im Zeitverlauf auch Mitglied einer Klasse einer weiterführenden Schule werden. Eine solche Konstellation wird als Cross-Classification bezeichnet. Wir werden in diesem Buch zunächst den häufigeren Fall einer hierarchischen Beziehung der Einheiten zueinander betrachten, wo also eine Einheit aus einer niedrigeren Ebene nur Teil einer einzigen Einheit auf der höheren Ebene sein kann.

1.2 Traditionelle Verfahren zur Analyse von Mehrebenendaten

Wie wurden nun Daten, die auf mehreren Ebenen angeordnet sind, vor der Entwicklung der Mehrebenenanalyse als statistischem Verfahren analysiert? Und welche Probleme sind damit verbunden?

Als eine Möglichkeit besteht das simplifizierende Poolen der gesamten Daten, bei dem schlichtweg ignoriert wird, dass sich alle Einheiten der niedrigeren Ebenen genau einem Element der höheren Ebene zuordnen lassen. Dabei wird unterstellt, dass sowohl das Niveau der abhängigen Variablen für alle Einheiten der höheren Ebene als auch die Beziehungen zwischen den unabhängigen und der abhängigen Variablen für alle Einheiten der höheren Ebene gleich sind – Annahmen, die man gerade mit einer Mehrebenenanalyse erst testen müsste.

Darüber hinaus gibt es zwei weitere Möglichkeiten, die anstelle der Mehrebenenanalyse genutzt wurden: Alle Variablen wurden – entweder durch Aggregation oder Disaggregation – auf die gleiche Ebene gebracht und dann durch eine einfache Regression (OLS, *ordinary least squares*) analysiert.

Im Falle der Aggregation werden Schätzwerte für höhere Einheiten (z. B. Mittelwerte der Variablen) aus den auf der niedrigeren Ebene gemessenen Informationen berechnet. Im Falle von Schülerinnen und Schülern als niedrigeren Einheiten und Schulklassen als höheren Einheiten werden z. B. aus den Angaben der Schülerinnen und Schüler zu ihrem Geschlecht und ihrem Migrationshintergrund die Anteile in den einzelnen Klassen berechnet (Bsp.: Anteil Geschlecht = „weiblich" und Anteil mit Migrationshintergrund pro Klasse). Damit werden alle relevanten Variablen (hier: Geschlecht und Migrationshintergrund) auf die höhere Ebene gebracht, und sie werden als Schulklassen-Variablen analysiert. Dies gilt auch für die abhängige Variable – d. h. es würde eine durchschnittliche Schulleistung für jede Klasse gebildet und diese Variable würde dann als abhängige Variable verwendet werden.

Mit der Aggregation ist jedoch ein einschneidendes Problem verbunden: Die Zahl der Fälle ist nun gleich der Zahl der höheren Einheiten, d. h. alle Informationen der niedrigeren Ebene gehen verloren. Dies ist ein erheblicher Informationsverlust. Zudem können falsche Schlussfolgerungen gezogen werden, z. B. ein sogenannter ökologischer Fehlschluss (*ecological fallacy*, auch: Robinson-Effekt, siehe Robinson 1950). Dies wäre dann der Fall, **wenn** eine auf der höheren Ebene gefundene Beziehung einer abhängigen und einer unabhängigen Variablen so interpretiert wird, als gäbe es eine entsprechende Beziehung der beteiligten Variablen auch auf der niedrigeren Ebene. Beispielsweise würde aus einer positiven Beziehung zwischen dem Anteil der Ausländerinnen und Ausländer (als aggregierte, unabhängige Variable) in einem geografischen Gebiet (hier die höhere Ebene) und der durchschnittlichen Fremdenfeindlichkeit (aggregierte, abhängige Variable) der Bewohner und Bewohnerinnen geschlossen, dass es die Ausländerinnen und Ausländer sind, die fremdenfeindliche Einstellungen haben. Davon ist allerdings in der Regel nicht auszugehen.

Kein Problem tritt jedoch auf, wenn die Beziehung nur auf der höheren Ebene interpretiert wird – denn eine positive Beziehung zwischen dem Ausländeranteil und der durchschnittlichen Fremdenfeindlichkeit in einem Gebiet kann es ja durchaus geben. Eine *Erklärung* für die Beziehung auf der höheren Ebene ist damit aber noch nicht gefunden.

Im Falle der Disaggregation werden Variablen der höheren Ebene (z. B. der Anteil der Kinder mit Migrationshintergrund in einer Klasse oder die Qualifikation der Lehrer und Lehrerinnen) für alle Einheiten der niedrigeren Ebene hinzugefügt. Die resultierende Zahl der Einheiten entspricht dann der der ursprünglichen Einheiten auf der niedrigeren Ebene. Die einzelnen Einheiten der höheren Ebene können dabei als Dummy-Variablen in die Regression aufgenommen werden.

Welches Problem ist nun mit der Disaggregation verbunden? Es kann ein atomistischer Fehlschluss (*atomistic fallacy*) auftreten, **wenn** eine Beziehung auf niedrigerer Ebene auf die höhere Ebene verallgemeinert wird. Dieser Fehlschluss ist vergleichbar mit Simpsons Paradox (Krämer 2011): Bei einer gemeinsamen Analyse von Daten aus heterogenen Populationen kann es passieren, dass die Beziehung zwischen zwei Variablen ein negatives Vorzeichen erhält, obwohl sie in beiden Populationen einzeln betrachtet positiv ist. Beispielsweise kann innerhalb eines

Landes ein hohes Einkommen die Arbeitszufriedenheit von Beschäftigten erhöhen. Zwischen verschiedenen Ländern kann jedoch ein höheres Durchschnittseinkommen mit einer niedrigeren durchschnittlichen Arbeitszufriedenheit einhergehen. Die Aggregation nach der höheren Ebene (Länder) führt daher zu einem anderen Vorzeichen des Einflusses des Durchschnittseinkommens der Länder, als dies bei der Betrachtung der Individualebene (innerhalb des Landes) der Fall wäre. Dies liegt auch daran, dass es sich hier um zwei unterschiedliche Fragestellungen handelt.

1.3 Das „Mehrebenenproblem" und seine Lösung

Wenn Daten eine hierarchische Struktur haben, d. h. zuerst höhere Einheiten (z. B. Schulen) ausgewählt werden und innerhalb dieser Einheiten dann die Einheiten auf einer niedrigeren Ebene (z. B. die Schülerinnen und Schüler), sind die einzelnen Einheiten der niedrigeren Ebene innerhalb einer höheren Einheit nicht völlig unabhängig voneinander. Diese Abhängigkeit kann z. B. aufgrund von Selektion oder Sozialisation zustandekommen. Am Beispiel von Schulen und Schülerinnen und Schülern lässt sich das leicht veranschaulichen: Die Schülerinnen und Schüler einer Schule sind häufig hinsichtlich ihrer sozialen Herkunft (Selektion über das Wohngebiet) eine selektive Gruppe. Dies wäre der Effekt der Selektion. Hinzu kommt noch der Einfluss einer speziellen Zusammensetzung des Lehrkörpers und der Peergruppen. Schülerinnen und Schüler teilen sich die gleichen Lehrerinnen und Lehrer und interagieren regelmäßig mit den gleichen Mitschülerinnen und Mitschülern. Der Sozialisationseffekt führt dazu, dass sich die Schülerinnen und Schüler einer Schule zunehmend ähnlicher werden. Dies kann z. B. durch die Interaktion untereinander oder die Behandlung durch die Lehrer und Lehrerinnen auftreten.

Die Korrelation zwischen den einzelnen niedrigeren Einheiten, die zu einer höheren Einheit gehören, ist dabei größer als bei unabhängig ausgewählten niedrigeren Einheiten, die aus einer einstufigen Ziehung kommen. In der Mehrebenenanalyse wird das durch die Intra-Klassen Korrelation (*intra-class correlation*, ICC, Anteil der Varianz auf der höheren Ebene an der Gesamtvarianz der abhängigen Variablen; siehe Abschn. 2.1) gemessen. Es ist zu beachten, dass bei der Mehrebenenanalyse die Intra-Klassen Korrelation für verschiedene Variablen unterschiedlich sein kann, d. h. der Anteil der Varianz auf der höheren Ebene an der Gesamtvarianz kann für eine bestimmte (abhängige) Variable größer sein als für eine andere.

Die gewöhnliche Regressionsanalyse geht von der Unabhängigkeit der Beobachtungen aus (gegeben die Kovariaten). Bei mehrstufigen (d. h. geklumpten) Daten wird diese Annahme verletzt. Wie in dem obigen Beispiel anhand der Schule dargelegt, kann es unbeobachtete Heterogenität (Unterschiedlichkeit der Ausprägung einer oder mehrerer Variablen) auf der Ebene der höheren Einheiten, sowie konfundierende Effekte nicht gemessener Variablen für Einheiten der niedrigeren Ebene geben (beispielsweise der Lehrkörper oder das Wohngebiet). Konfundierende Variablen sind dabei Variablen, die im Zusammenhang mit dem Ergebnis einer Variable stehen, ohne selbst Teil des Zusammenhangs zu sein, den man eigentlich erklären möchte. Sie können daher das Ergebnis einer Regressionsanalyse verfälschen, da sie sowohl mit den abhängigen als auch unabhängigen Variablen korreliert sind.

Unbeobachtete Heterogenität betrifft sowohl das Niveau der abhängigen Variablen (die Regressionskonstante, *intercept*) als auch die Effekte von Kovariaten (die Steigungskoeffizienten, *slope*). Besonders groß sind die Abhängigkeiten zwischen verschiedenen Messungen, die an denselben Befragten durchgeführt wurden. Dies ist der Fall, wenn Befragte als höhere Ebene betrachtet werden und Antworten auf verschiedene Items oder die wiederholten Messungen des gleichen Items die niedrigere Ebene bilden. In diesen Fällen sind Standardfehler für statistische Tests zu klein; die Signifikanz eines Effekts wird daher zu großzügig konstatiert.

Ein ähnliches Problem besteht in der Umfrageforschung mit Klumpen-Stichproben aus geografischen Einheiten. Die Befragten innerhalb der einzelnen Klumpen sind sich ähnlicher als bei Durchführung der Stichprobenziehung ohne Klumpen-Bildung. Es gibt dabei eine nennenswerte „Between"-Varianz (Abweichung der Klumpenmittelwerte vom Gesamtmittelwert) zwischen den Klumpen, wobei die „Within"-Varianz (Abweichung der einzelnen Werte des Klumpens vom Klumpenmittelwert) innerhalb der einzelnen Klumpen geringer ist als bei unabhängig voneinander gezogenen Elementen. Auch dieser Designeffekt (Einfluss auf die Varianz des Schätzers durch die Abweichung von uneingeschränkter Zufallsauswahl) kann korrigiert werden, ist aber in vielen Fällen nicht von substanziellem Interesse, d. h. er ist nur ein Störfaktor.

Die Mehrebenenanalyse ist besonders dann angebracht, wenn die Klumpung der Daten (die darauf beruht, dass Einheiten der niedrigeren Ebene Teil der höheren Einheiten sind) nicht nur ein Störfaktor, sondern von eigenständigem Interesse ist. Das ist insbesondere dann der Fall, wenn Variablen auf der höheren Ebene zur Erklärung von Unterschieden zwischen den höheren Einheiten herangezogen werden können. Ist dies nicht der Fall, wird vielfach die Durchführung einer herkömmlichen Regression mit robusten Standardfehlern empfohlen. Robuste Standardfehler berücksichtigen dabei, dass die Daten des Modells nicht normalverteilt sind und ermöglichen eine Schätzung, die weniger stark durch Ausreißer beeinflusst werden. Allerdings wird neuerdings selbst für den Fall, dass die Klumpung der Daten nicht weiter interessiert und die höhere Ebene keinen Beitrag zur Erklärung liefert, aus statistischen Gründen die Durchführung einer Mehrebenenanalyse empfohlen.

Die Mehrebenenanalyse löst die mit Aggregation und Disaggregation verbundenen Probleme, indem Beziehungen auf der niedrigeren und höheren Ebene gemeinsam modelliert werden. Dies bedeutet, dass sich Beziehungen zwischen inhaltlich identischen Variablen auf der niedrigeren und der höheren Ebene sogar in ihrer Richtung unterscheiden dürfen. Bei dem zuvor angeführten Beispiel wäre es z. B. möglich, dass sich zwar eine positive Beziehung zwischen dem Anteil der Ausländer und Ausländerinnen in einem geografischen Gebiet und der durchschnittlichen Fremdenfeindlichkeit der Bewohner und Bewohnerinnen zeigt, aber dass die Ausländer und Ausländerinnen keine oder weniger ausgeprägte fremdenfeindliche Einstellungen aufweisen.

Wenn man die einzelnen Einheiten der höheren Ebene nicht mehr sinnvoll interpretieren kann – weil es so viele davon gibt – liegt neben dem statistischen ein zusätzlicher Grund für die Verwendung einer Mehrebenenanalyse vor. Bei einem 2-Ebenen-Datensatz mit 100 Einheiten auf der höheren Ebene würde man allein zur Abbildung der Haupteffekte der jeweiligen Einheiten 99 Dummy-Variablen benötigen. Da die Beziehung zwischen den einzelnen unabhängigen Variablen auf der niedrigeren Ebene und der abhängigen Variablen nicht in allen Einheiten gleich zu sein braucht, müssten theoretisch für jede unabhängige Variable zusätzlich 99 Interaktionseffekte aufgenommen werden. Dies ist natürlich nicht praktikabel.

Als Alternative könnte man natürlich, wie weiter oben erwähnt, auf den Gedanken kommen, die Daten für die unterschiedlichen Einheiten der höheren Ebene einfach zu poolen, d. h. alle zusammen zu analysieren, ohne die Zugehörigkeit zu den höheren Einheiten zu identifizieren. Dies macht aber nur Sinn, wenn nicht nur das Niveau (also etwa der Mittelwert) der abhängigen Variablen für alle Einheiten der höheren Ebene gleich ist, sondern sich auch die Beziehungen zwischen den unabhängigen und der abhängigen Variablen zwischen den Einheiten der höheren Ebene nicht nennenswert unterscheiden. Normalerweise kann man solche Annahmen allerdings nicht machen, sondern muss sie mit Hilfe der Mehrebenenanalyse zunächst überprüfen.

1.4 Voraussetzungen der Mehrebenenanalyse

Wie auf der niedrigeren Ebene (und generell bei der herkömmlichen linearen Regression) sollten auch die höheren Einheiten eine Zufallsstichprobe aus einer Population sein. Dieses Kriterium wird in der Praxis aber oft ignoriert. Im Prinzip würde ein solches Kriterium die Verwendung der Mehrebenenanalyse ausschließen, wenn beispielsweise Daten für alle EU-27-Länder vorliegen. Die EU-27-Länder sind keine Stichprobe, sondern bilden die gesamte Population der EU-27-Länder. Die

EU-27-Länder sind offensichtlich auch keine Stichprobe einer größeren Population, etwa aller Länder dieser Erde. Dennoch hat sich die Verwendung der Mehrebenenanalyse in der Forschungspraxis in diesen Fällen eingebürgert. Wenn die EU-27-Länder (bzw. Personen dieser Länder) die Zielpopulation einer Untersuchung sind, so ist die zugrunde liegende Überlegung, dass es sich auf der höheren Ebene um einen Zensus aller Einheiten handelt und jedes Element dieser Ebene eine Wahrscheinlichkeit von 1 hat, in der Gesamterhebung aller EU-27-Länder zu sein.

Ähnlich wird mit den großen internationalen Umfrageprogrammen wie dem International Social Survey Program (ISSP, http://www.issp.org/), dem European Social Survey (ESS, https://www.europeansocialsurvey.org/about/), der European Values Study (EVS, https://europeanvaluesstudy.eu/) oder dem World Values Survey (WWS, World Values Survey Association (2020), https://www.worldvaluessurvey.org/wvs.jsp) und deren Daten verfahren. Obwohl Länder aus allen Kontinenten an einigen dieser Umfrageprogramme teilnehmen, können die resultierenden Länderstichproben dennoch nicht als unverzerrte Zufallsstichproben aus allen Ländern dieser Erde oder gar als Zensus dieser betrachtet werden. Vielmehr gibt es eine starke Unterrepräsentation der weniger entwickelten Länder. So war Südafrika lange Jahre das einzige Land im ISSP auf dem afrikanischen Kontinent – ein Ausreißer für Afrika. Dennoch wird auch bei der Analyse von ISSP-Daten häufig die Mehrebenenanalyse verwendet.

Was die Zahl der notwendigen Fälle für eine Mehrebenenanalyse betrifft, muss man zwischen der niedrigeren und der oder den höheren Ebenen unterscheiden. Die Entwicklung der Mehrebenenanalyse war historisch verbunden mit Anwendungsbereichen, in denen es wenige Fälle auf der niedrigsten Ebene innerhalb der Einheiten der jeweils höheren Ebenen gab, z. B. Schülerinnen und Schüler in Schulklassen. Innerhalb einzelner Schulklassen lassen sich die Effekte der Schüler- und Schülerinnen-Variablen (also der Variablen der niedrigeren Ebene) wegen der geringen Fallzahlen nur eingeschränkt reliabel schätzen. Demgegenüber ist die Schätzung von Effekten selbst einer großen Anzahl von Variablen auf der niedrigen Ebene durch die gleichzeitige Betrachtung vieler Schulklassen bei Verwendung eines statistisch adäquaten (Mehrebenen-) Modells problemlos möglich. Damit sind die Anforderungen an die Fallzahlen auf der niedrigeren Ebene pro übergeordnete Einheit der nächsthöheren Ebene sehr gering: Modelle lassen sich auch dann noch adäquat schätzen, wenn einige übergeordnete Einheiten nur mit jeweils einem Fall besetzt sind, solange nur die Fallzahl auf der niedrigeren Ebene insgesamt hinreichend groß ist (und die Daten einer Zufallsstichprobe entstammen; siehe z. B. Grilli und Rampichini 2018). Solange also insgesamt genügend Schülerinnen und Schüler in den Daten vorhanden sind, spielt es in der Theorie keine Rolle, ob die einzelnen Schulklassen unterschiedlich groß sind, oder ob einzelne Schulklassen nur wenige Schülerinnen und Schüler enthalten.

1.4 Voraussetzungen der Mehrebenenanalyse

Bei den zunehmend an Bedeutung gewinnenden Analysen der international vergleichenden Sozialforschung sind die Verhältnisse allerdings praktisch immer umgekehrt: Hier besteht kein Mangel an Einheiten der niedrigeren Ebene pro Land, allerdings stehen in der Regel nur wenig Länder zu Verfügung, da international vergleichende Erhebungen oft nur in relativ wenigen Ländern gleichzeitig durchgeführt werden. Während eine geringe Anzahl von Einheiten der niedrigen Ebene, etwa der Schülerinnen und Schüler in einer Klasse, durch eine große Zahl von Klassen kompensiert werden kann, geht dies umgekehrt leider nicht. Um Effekte von Variablen auf den höheren Ebenen zu schätzen, nutzt die Fallzahl auf der niedrigsten Ebene nichts. Der Vorzug einer hohen Fallzahl auf niedriger Ebene (pro Element der höheren Ebene) liegt ausschließlich darin, dass durch Aggregation Variablen auf höherer Ebene aus den Daten der niedrigeren Ebene in der Regel mit einer geringeren Varianz geschätzt werden können. Beispielsweise macht es einen Unterschied, ob der Anteil der Schülerinnen und Schüler mit Migrationshintergrund in einer Schulklasse auf der Grundlage von 5 oder 20 Fällen geschätzt werden muss (wenn diese Variable nicht ohnehin aus externen Quellen hinzugefügt werden kann). Um aber die Wirkung des Anteils der Schülerinnen und Schüler mit Migrationshintergrund zu schätzen, nützt eine hohe Fallzahl innerhalb der Schulklassen leider nichts (wenn nicht auch die Zahl der Einheiten auf der höheren Ebene groß ist).

Die Verwendung einer Mehrebenenanalyse bietet sich besonders bei einer hohen Fallzahl auf der höheren Ebene an (die es aber häufig bei internationalen Daten gar nicht gibt). Das liegt daran, dass bei einer Mehrebenenanalyse die Einheiten der höheren Ebene ihre „Identität" verlieren, sie also nicht mit ihrem eigenen Namen in die Modelle aufgenommen werden. Das bedeutet, ihre Eigenschaften oder Ausprägungen werden nicht einzeln betrachtet. Daher sieht es auch noch einmal anders aus, wenn ein besonderes Interesse an den höheren Einheiten besteht, d. h. wenn diese eine „Identität" haben und nicht in bestimmten Variablen aufgehen sollten. Dann ist eine Mehrebenenanalyse weniger angezeigt. Wie wir später sehen werden, beruht die Mehrebenenanalyse auf der Idee, die Identität der Einheiten der höheren Ebene in Variablen und Varianzen aufgehen zu lassen.

Als Faustregel kann man sich merken, dass für die Schätzung pro Effekt auf einer höheren Ebene auch 10 Fälle für eine solche höhere Ebene vorhanden sein sollten. Dabei verhält es sich bei der Mehrebenenanalyse für die höhere Ebene auch nicht anders als bei einer normalen Regressionsanalyse für die Individualvariablen. So sollten beispielsweise für eine unabhängige Variable 10 Fälle vorhanden sein und für zwei unabhängige Variablen 20.

Auf das Problem der notwendigen Fallzahlen werden wir in Abschn. 8.1 noch einmal zurückkommen.

Das Basismodell der Mehrebenenanalyse

2

Zur Einführung des Mehrebenenansatzes beginnen wir mit einer Reihe von gewöhnlichen Regressionsgleichungen, eine für jede der verschiedenen höheren Einheiten. Regressionskonstante (Y-Achsenabschnitt, Konstante, *intercept*) und Regressionskoeffizienten für die unabhängigen Variablen (Steigung, *slope*) können sich in der Regel nämlich zwischen den höheren Einheiten unterscheiden.

Gl. 2.1 zeigt die Formel für die einfache Regression ohne Bezug zu einer höheren Ebene. Y stellt hier wie üblich die abhängige Variable dar, X steht für **eine** unabhängige Variable, β_0 ist die Regressionskonstante, β_1 der Regressionskoeffizient für die unabhängige Variable X und e der Fehlerterm. Die Subskripte i beziehen sich auf die einzelnen Einheiten, die unterschiedliche Werte für die Variablen Y und X sowie den Fehlerterm e haben können. Wenn man hier an das Schulbeispiel denkt, geht es dabei um den Einfluss einer Variablen auf der Schüler- und Schülerinnen-Ebene auf eine andere Variable der gleichen Ebene, also etwa des Migrationshintergrunds der Schülerinnen und Schüler auf deren Leistung.

$$Y_i = \beta_0 + \beta_1 X_i + e_i \qquad (2.1)$$

Für jede höhere Einheit gibt es nun jeweils eine solche Gleichung. Da die Gleichungen aber von den Werten her unterschiedlich sind, muss zu deren Unterscheidung ein Subskript eingeführt werden, das die höhere Einheit kennzeichnet. Wir wählen dafür j. Bei einer unabhängigen Variable entspricht β_1 einem Skalar bzw. enthält nur einen Wert. Damit ergibt sich die Gl. 2.2, die alle Gleichungen des

Typen 1 für die einzelnen Elemente der höheren Ebene umfasst. Hier gibt es also jetzt für alle Schulen eine gemeinsame Regressionsgleichung:

$$Y_{ij} = \beta_{0j} + \boldsymbol{\beta}_{1j} \, \boldsymbol{X}_{ij} + e_{ij} \tag{2.2}$$

wobei i = niedrigere Einheit und j = höhere Einheit.

Y stellt hier wieder die abhängige Variable dar, X die (eine) unabhängige Variable. Gl. 2.2 kann selbstverständlich eine Vielzahl unabhängiger Variablen enthalten. In einem solchen Fall verwenden wir die Matrix-Schreibweise. Dabei ist $\mathbf{X}$ als Matrix mit mehreren unabhängigen Variablen zu verstehen. $\boldsymbol{\beta}_1$ ist dann ein Vektor mehrerer Regressionskoeffizienten (entsprechend der Anzahl der unabhängigen Variablen). Wir vereinfachen im Folgenden lediglich die Darstellung ohne Einschränkung der Allgemeinheit. Wir verwenden in der vorliegenden Schreibweise die Fettung daher immer dann, wenn es sich um eine Matrix oder einen Vektor handelt, bei der mehrere Zeilen und Spalten vorkommen (können). Skalare werden nicht gefettet.

Was ist nun die inhaltliche Interpretation von β_{0j} und $\boldsymbol{\beta}_{1j}$? β_{0j} bezieht sich auf das Niveau der abhängigen Variablen in der höheren Einheit j und $\boldsymbol{\beta}_{1j}$ auf die Stärke der Beziehung zwischen einer unabhängigen Variablen und der abhängigen Variablen in der höheren Einheit j. Anhand der Korrelation zwischen β_{0j} und $\boldsymbol{\beta}_{1j}$ kann die Frage beantwortet werden, ob es in höheren Einheiten, die einen höheren (Durchschnitts-) Wert auf der abhängigen Variable zeigen, auch einen stärkeren Einfluss einer unabhängigen Variablen auf die abhängige Variable gibt. Beispielsweise ob in Schulen, die in einem schulischen Eignungstest besser abschneiden, auch ein stärkerer positiver Einfluss des sozio-ökonomischen Status der Eltern auf die schulische Leistung der Schülerinnen und Schüler existiert. Nach ihrer inhärenten Logik haben höhere Einheiten bei der Mehrebenenanalyse keine Identität mehr, sondern werden durch Variablen ersetzt, z. B. den durchschnittlichen sozio-ökonomischen Status der Eltern einer Schule oder den Unterrichtsstil der Lehrer und Lehrerinnen.

Die Frage ist nun: Wie lassen sich die unterschiedlichen Regressionskoeffizienten (Regressionskonstante und Steigungen bzw. Regressionsgewichte) der höheren Einheiten durch Variablen auf der höheren Ebene erklären? Um diese Frage zu beantworten, betrachten wir die Regressionskonstante (und in einem separaten Schritt die Regressionskoeffizienten der unabhängigen Variablen) als abhängige Variablen und die verschiedenen höheren Einheiten als unsere Fälle. Dies ist vergleichbar mit dem, was Forscher und Forscherinnen tun, wenn sie beispielsweise eine Stichprobe von Schulklassen analysieren und sich dafür interessieren, welche Merkmale von Schulklassen einen Einfluss auf ein Ergebnis auf der Ebene der Schulklassen haben, z. B. der Einfluss des Anteils der Schülerinnen und Schü-

2 Das Basismodell der Mehrebenenanalyse

ler mit Migrationshintergrund auf die durchschnittliche Leistung einer Schulklasse. Nur die abhängige Variable scheint hier etwas ungewöhnlich zu sein: ein Koeffizient statt einer substanzwissenschaftlichen Variablen.

Der Unterschied zwischen dem Modell in Gl. 2.1 und 2.2 besteht nun darin, dass das, was zuvor eine Konstante für alle Beobachtungen gewesen ist, nun eine (Zufalls-)Variable ist, mit einer Anzahl von Ausprägungen/Beobachtungen gleich der Anzahl der Elemente auf der höheren Ebene. Mit Hilfe der gewöhnlichen Regression führen wir zunächst die Regressionskonstante auf Variablen auf der höheren Ebene zurück. Es ergibt sich Gl. 2.3:

$$\beta_{0j} = \gamma_{00} + \gamma_{01} W_j + u_{0j} \qquad (2.3)$$

β_{0j} sind die Regressionskonstanten für die verschiedenen höheren Einheiten j. W_j sind die Werte der für die verschiedenen höheren Einheiten j gemessenen W-Variablen. Es sind also unabhängige Variablen, die sich lediglich auf höherer Ebene verändern und für alle Elemente niedrigerer Ebene *innerhalb* einer Einheit der höheren Ebene gleichbleiben. Wie auch die X-Variablen in den Gl. 2.1 und 2.2 kann W für eine größere Zahl von Variablen auf der höheren Ebene stehen. Neben dem bereits erwähnten Anteil der Schülerinnen und Schüler mit Migrationshintergrund in einer Schulklasse könnte dies etwa die Größe der Klasse oder das Alter der Klassenlehrerin bzw. des Klassenlehrers sein.

γ_{00} ist die Regressionskonstante in der Regressionsgleichung 3. Dabei zeigt die erste 0 in γ_{00}, dass eine Regressionskonstante, β_0, vorhergesagt werden muss. Die zweite 0 zeigt, dass dieser Term die Regressionskonstante in dieser Gleichung ist. γ_{01} sind die Steigungskoeffizienten in dieser Regression. Die 0 zeigt wiederum, dass eine Regressionskonstante, β_0, vorhergesagt werden muss. Die 1 zeigt demgegenüber in diesem Fall, dass dieser Term die Steigungen in dieser Gleichung sind. u_{0j} ist ein Fehlerterm auf der höheren Ebene. Er ist vergleichbar mit e_i auf der niedrigeren Ebene für gewöhnliche Regressionen.

Es sollte noch explizit darauf hingewiesen werden, dass sich die Anzahl der Analyseeinheiten in den bislang besprochenen Gleichungen unterscheiden. Gl. 2.1 bezieht sich auf Beobachtungen innerhalb **einer** nicht näher benannten höheren Einheit. Daher ist die Anzahl der Analyseeinheiten unterschiedlich, je nachdem wieviel Fälle auf der niedrigeren Ebene zu der betreffenden Einheit auf der höheren Ebene gehören. Gl. 2.2 bezieht sich demgegenüber auf alle höheren Einheiten. Damit ist auch die Zahl aller Fälle gleich der Summe der Fälle auf der niedrigeren Ebene, die zu irgendeiner der höheren Einheiten gehören. In Gl. 2.3 sagen wir schließlich die Regressionskonstanten voraus. Da es aber nur so viele Regressionskonstanten geben kann wie Einheiten auf der höheren Ebene, ist damit gleichzeitig auch die Zahl der Fälle bestimmt.

Die Gl. 2.3 prognostiziert also eine Variable für die höheren Einheiten, nämlich die Regressionskonstante, β_0, durch bislang nicht näher spezifizierte andere Variablen der höheren Ebene, **W**. Im Schulbeispiel wäre eine solche Variable auf der höheren Ebene etwa der Anteil der Schülerinnen und Schüler mit Migrationshintergrund in einer Schulklasse oder die Rolle der Klassenlehrerin oder des Klassenlehrers.

Entsprechendes kann man nun für die Regressionskoeffizienten der unabhängigen Variablen, die Steigungen oder Regressionsgewichte, durchführen. Gl. 2.4 ist in Analogie zu Gl. 2.3 konstruiert. Auch hier sind die zugrunde liegenden Fälle die der Einheiten auf der höheren Ebene.

$$\beta_{1j} = \gamma_{10} + \gamma_{11} W_j + u_{1j} \quad (2.4)$$

β_{1j} sind die Steigungen für die verschiedenen höheren Einheiten j, d. h. sie drücken das Regressionsgewicht bei der Regression der Y-Variablen auf die X-Variablen in den einzelnen Einheiten auf der höheren Ebene aus Gl. 2.2 aus. Im Schulbeispiel ist z. B. der Migrationshintergrund der Schülerinnen und Schüler eine X-Variable (0–1 codiert). Wenn die Steigungen für die verschiedenen höheren Einheiten unterschiedlich sein können, spricht man von *random slopes*. Die entsprechenden Modelle bezeichnet man dann als Random-Slope Modelle. Können demgegenüber die Steigungen für die verschiedenen höheren Einheiten nicht unterschiedlich sein, spricht man von Random-Intercept Modellen, d. h. nur das Niveau der abhängigen Variable kann zwischen den höheren Einheiten variieren.

W_j sind die Werte der für die verschiedenen höheren Einheiten j gemessenen Variablen **W**, die zur Vorhersage der Steigungen verwendet werden. Im Schulbeispiel ist z. B. der Anteil der Schülerinnen und Schüler mit Migrationshintergrund in einer Klasse eine W-Variable (ein Prozentwert). γ_{10} ist die Regressionskonstante in dieser Regression. Dabei zeigt die 1, dass eine Steigung, β_1, vorhergesagt werden muss. Die 0 zeigt, dass dieser Term die Regressionskonstante in dieser Gleichung ist. γ_{11} ist die Steigung in dieser Regression. Dabei zeigt die erste 1, dass eine Steigung, β_1, vorhergesagt werden muss. Die zweite 1 zeigt, dass dieser Term die Steigungen in dieser Gleichung sind. u_{1j} ist ein Fehlerterm auf der höheren Ebene, der wiederum vergleichbar ist mit dem e_i auf der niedrigeren Ebene bei einer gewöhnlichen Regression, allerdings mit einem wesentlichen Unterschied: Es geht hier nicht um das Niveau der abhängigen Variable selbst, sondern um den Effekt einer unabhängigen Variable.

Diese Gleichung prognostiziert also die unterschiedlichen Stärken der Beziehung zwischen der abhängigen und der unabhängigen Variablen, d. h. die Steigungen β_1, über die höheren Einheiten hinweg durch eine Variable auf der höheren Ebene.

2 Das Basismodell der Mehrebenenanalyse

Wenn wir die Gl. 2.3 für die Regressionskonstante β_{0j} in Formel 2 einsetzen und Formel 4 für die Steigungen β_{1j}, erhalten wir nach einigen einfachen arithmetischen Umformungen bzw. Umordnungen die folgende Gleichung für das kombinierte Modell. Diese Gleichung wird auch als reduzierte Form bezeichnet.

$$Y_{ij} = \gamma_{00} + \gamma_{01}W_j + \gamma_{10}X_{ij} + \gamma_{11}W_jX_{ij}$$
$$+ u_{0j} + u_{1j}X_{ij} + e_{ij}$$

Y stellt hier wieder die abhängige Variable dar. Y_{ij} bezieht sich auf die i-te niedrigere Einheit innerhalb der j-ten höheren Einheit. γ_{00} ist die Regressionskonstante in dieser Regression und wird in der Mehrebenanalyse auch als Grand Mean bezeichnet, sozusagen der Mittelwert über alle niedrigeren und höheren Einheiten hinweg. γ_{01} ist der Vektor der Regressionskoeffizienten für die Variablen der höheren Ebene, **W**. γ_{10} ist der Vektor der Regressionskoeffizienten für die Variablen der niedrigeren Ebene, **X**. γ_{11} ist der Vektor der Regressionskoeffizienten für Interaktionen aus einer (oder mehreren) Variablen der niedrigeren Ebene mit einer (oder mehreren) Variablen der höheren Ebene.

Variablen auf der niedrigeren Ebene und Variablen auf höheren Ebenen können also auch interagieren. Eine solche Interaktion wird als Cross-Level Interaktion bezeichnet, also eine Interaktion zwischen Variablen, die auf verschiedenen Ebenen verortet sind. Ein Beispiel wäre die Interaktion des Migrationshintergrunds der Schülerinnen und Schüler (niedrigste Ebene) und des Anteils der Schülerinnen und Schüler mit Migrationshintergrund in einer Schulklasse (mittlere Ebene). Eine solche Interaktion kann man auf zweierlei Weise interpretieren: Bei der ersten Betrachtungsweise steht die Variable aus der niedrigeren Ebene im Vordergrund und es wird analysiert, inwieweit die Beziehung zwischen dieser Variablen und der abhängigen Variablen durch eine Variable aus der höheren Ebene moderiert wird. Im vorliegenden Beispiel interessiert dabei etwa, ob sich ein Migrationshintergrund der Schülerinnen und Schüler in Klassen mit unterschiedlichem Anteil von Schülerinnen und Schülern mit Migrationshintergrund unterschiedlich auf die Leistung auswirkt. Es stellt sich also die Frage, ob die Variable aus der niedrigeren Ebene in den einzelnen Einheiten der höheren Ebene unterschiedlich starke Effekte hat. Dieser Effekt kann sich neben der Stärke des Zusammenhangs ebenso in unterschiedlichen Vorzeichen in den einzelnen Einheiten der höheren Ebene ausdrücken. Bei der zweiten Betrachtungsweise steht die Wirkung einer Variablen aus der höheren Ebene im Mittelpunkt und es interessiert, bei welchen Ausprägungen der Variablen auf der niedrigeren Ebene sie wie stark bzw. in welcher Richtung sie wirkt. Beide Betrachtungsweisen sind formal äquivalent.

Diese Interaktionen werden als Cross-Level Interaktionen bezeichnet, da beide Ebenen daran beteiligt sind. Dies ist eine charakteristische Besonderheit der Mehrebenenanalyse, die über Interaktionseffekte hinausgeht, die jeweils ausschließlich entweder Variablen der niedrigeren oder der höheren Ebene beinhalten. Im Schulbeispiel wären dies der Migrationshintergrund der Schülerinnen und Schüler als Variable auf der niedrigeren Ebene und der Anteil der Schülerinnen und Schüler mit Migrationshintergrund in den Schulklassen als Variable auf der höheren Ebene. Zum theoretischen Hintergrund dieser konkreten Cross-Level Interaktion siehe Stanat, Schwippert und Gröhlich (2010).

Man kann die rechte Seite dieser Gleichung in zwei Teile zerlegen. In der ersten Zeile stehen ausschließlich sogenannte feste (*fixed*) Komponenten und in der zweiten ausschließlich zufällige (*random*) Komponenten. Was bedeutet nun in diesem Zusammenhang fixed und random?

Die γ-Koeffizienten in der ersten Zeile variieren nicht zwischen den Einheiten der höheren Ebene, d. h. sie sind für alle Einheiten der höheren Ebene gleich. Daher werden sie auch als feste Koeffizienten bezeichnet. Demgegenüber stellen die e- und u-Terme Störfaktoren dar und sind Zufallskomponenten. Dabei variieren die e-Terme in der Regel nicht nur zwischen den Einheiten auf der höheren Ebene, sondern sie sind auch für die einzelnen Einheiten auf der niedrigeren Ebene potenziell unterschiedlich, d. h. sie können variieren und werden dies auch in der Regel tun, könnten theoretisch aber auch gleich sein. Die u-Terme können demgegenüber innerhalb der gleichen Einheit auf der höheren Ebene nicht variieren, es gibt vielmehr nur einen möglichen Wert auf der höheren Ebene für alle dazugehörigen Einheiten der niedrigeren Ebene. Allerdings können die u-Terme zwischen den unterschiedlichen Einheiten der höheren Ebene variieren. Jede Einheit der höheren Ebene könnte also durch einen spezifischen Wert charakterisiert sein.

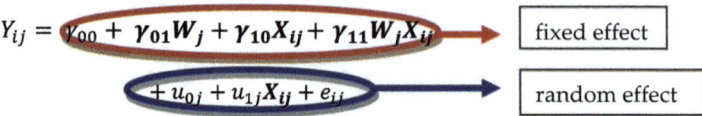

Wie bei allen statistischen Verfahren werden auch bei der Mehrebenenanalyse Annahmen gemacht. Sie betreffen hier insbesondere die Zufallskomponenten u und e. Die Korrelationen zwischen den Residuen beider Ebenen, d. h. zwischen u- und e-Termen, werden als 0 angenommen. Weiterhin wird angenommen, dass die Fehlerterme auf der niedrigeren Ebene, e_{ij}, normalverteilt sind mit dem Mittelwert 0 und einer gemeinsamen Varianz $\sigma^2_{e_{ij}}$ in allen höheren Einheiten. Für Fehlerterme auf der höheren Ebene, u_{0j} und u_{1j}, wird eine multivariate Normalverteilung mit Mittelwert 0 und einer Varianz von $\sigma^2_{u_{0j}}$ bzw. $\sigma^2_{u_{1j}}$ angenommen. Sie zeigen die nach Einführung der erklärenden Variablen verbleibende Variation zwischen den höheren Einheiten an. Dabei ist u_{0j} das Residuum der höheren Einheit j in Bezug auf die Regressionskonstante und u_{1j} das Residuum der höheren Einheit j in Bezug auf die Steigung. Wir wählen die Schreibweise $\sigma^2_{u_{0j}}$, um die Ähnlichkeit zu der Varianz $\sigma^2_{e_{ij}}$ auf der niedrigeren Ebene herauszustellen.

Die Korrelationen zwischen u_{0j} und u_{1j} (d. h. zwischen den Residuen von Regressionskonstante und Steigung) sind aber im Allgemeinen nicht 0. Eine positive Korrelation z. B. bedeutet, dass in denjenigen Einheiten der höheren Ebene, in denen das Niveau der abhängigen Variablen höher ist, auch der Einfluss der betreffenden unabhängigen Variablen auf die abhängige Variable größer ist. Dies braucht nicht so zu sein. Wenn allerdings Unkorreliertheit angenommen wird, wird ein Modell geschätzt, bei dem beide Terme prinzipiell nicht korreliert sein können. Das Ergebnis einer entsprechenden Mehrebenenanalyse würde damit aber nicht ein empirisches Ergebnis anzeigen, sondern schlichtweg die Modellannahmen reflektieren! Ob die Modellannahme der Nicht-Korreliertheit berechtigt ist oder nicht, lässt sich nur dadurch testen, indem ein weiteres Modell geschätzt wird, in dem beide Terme korrelieren dürfen, und dann beide Modelle verglichen werden.

Das hier dargestellte Basismodell der Mehrebenenanalyse ist die allgemeinste Formulierung. Es wird auch als Random-Slope Modell mit Cross-Level Interaktion bezeichnet, da sowohl die Regressionskonstante als auch die Regressionsgewichte oder Steigungen über die höheren Einheiten variieren können und zusätzlich ein Fixed Effect für die Cross-Level Interaktion enthalten ist. Daraus können wir mehrere einfachere Submodelle ableiten, von denen wir die wichtigsten im Folgenden kurz skizzieren.

2.1 Das Varianzkomponenten-Modell

Das einfachste Modell der Mehrebenenanalyse ist das Varianzkomponenten-Modell (auch: leeres Modell, *variance-component model*, *empty model*). Es enthält überhaupt keine erklärenden Variablen. Das Modell schätzt nur einen Grand Mean, d. h. einen globalen Mittelwert über alle Fälle, und die Fehlerkomponenten auf beiden Ebenen (u und e) und hat die Form:

$$Y_{ij} = \gamma_{00} + u_{0j} + e_{ij}$$

Also: Grand Mean (γ_{00}) + Residuum höhere Ebene (u_{0j}) + Residuum niedrigere Ebene (e_{ij})

Dies wurde durch das Modell der ersten Ebene

$$Y_{ij} = \beta_{0j} + e_{ij}$$

in Kombination mit dem Modell der zweiten Ebene

$$\beta_{0j} = \gamma_{00} + u_{0j}$$

erzeugt.
Die Varianz der abhängigen Variablen kann ausgedrückt werden als

$$Var(Y_{ij}) = Var(\gamma_{00} + u_{0j} + e_{ij}) = \sigma^2_{u_{0j}} + \sigma^2_{e_{ij}}$$

Da γ_{00} ein einzelner Wert ist, ist $Var(\gamma_{00}) = 0$.

Das Varianzkomponenten-Modell ermöglicht – wie der Name es schon nahelegt – eine Zerlegung der Varianz der abhängigen Variablen in zwei Komponenten: die Variation der höheren Einheiten um den Grand Mean: $\sigma^2_{u_{0j}}$ (Between-Varianz) und die (aufsummierte) Variation der einzelnen Einheiten innerhalb der zugehörigen höheren Einheiten um ihre jeweiligen Gruppenmittelwerte herum: $\sigma^2_{e_{ij}}$ (Within-Varianz). Die beiden Komponenten sind dabei ebenso zu verstehen, wie sie im Rahmen einer Varianzzerlegung oder einer Varianzanalyse (*Analysis of Variance*, ANOVA) betrachtet würden.

Zur Unterscheidung zwischen Beziehungen innerhalb (*within*) und zwischen (*between*) den höheren Einheiten möchten wir besonders auf die Darstellung bei Snijders & Bosker (1999) verweisen.

Die Intra-Klassen Korrelation, ICC, gibt den Anteil an der Gesamtvarianz einer abhängigen Variablen an, der sich auf der höheren Ebene befindet (Between-Varianz). Sie ist definiert als

$$\rho = \frac{\sigma^2_{u_{0j}}}{\sigma^2_{u_{0j}} + \sigma^2_{e_{ij}}}.$$

Dies setzt eine Obergrenze für eine mögliche Erklärung durch Kontextmerkmale, im Schulbeispiel also etwa durch den unterschiedlichen Anteil der Schülerinnen und Schüler mit Migrationshintergrund zwischen den Schulklassen.

Die Intra-Klassen Korrelation ist damit wichtig zur Beantwortung der Frage, ob eine Mehrebenenanalyse überhaupt erforderlich ist, und was von einer Mehrebenenanalyse erwartet werden kann. Theoretisch kann die Intra-Klassen Korrelation von 0 bis 1 variieren. Ein Wert von 1 würde bedeuten, dass alle Varianz auf der höheren Ebene verortet ist, also durch die Unterschiedlichkeit der Einheiten der höheren Ebene untereinander zustande kommt. Andererseits bedeutet ein Wert von 1 für die Intra-Klassen Korrelation auch, dass sich die einzelnen Einheiten der niedrigeren Ebene, die zu jeweils einer Einheit der höheren Ebene gehören, hinsichtlich der abhängigen Variablen nicht voneinander unterscheiden – zumindest so lange keine unabhängigen Variablen einbezogen worden sind. Sollte dies aber auch nach Einbezug der unabhängigen Variablen so bleiben, so wäre sowohl eine Mehrebenenanalyse als auch eine gewöhnliche Regression unsinnig. Es bliebe als sinnvolle Alternative nur noch eine Regression auf Aggregatebene übrig. Es besteht dann keine Unterschiedlichkeit mehr auf der niedrigeren Ebene, d. h. keine Unterschiede zwischen den einzelnen Elementen einer höheren Einheit. Nur die Einheiten der höheren Ebene selbst unterscheiden sich noch voneinander.

Im umgekehrten Fall einer ICC von 0 wäre ebenfalls eine Mehrebenenanalyse unnötig. Für das Beispiel der Leistungen einzelner Schulklassen ließe sich dann sagen: Die einzelnen Schulklassen unterscheiden sich nicht voneinander – wiederum zumindest so lange noch keine unabhängigen Variablen einbezogen wurden. Es gibt dann überhaupt keine Varianz zwischen den Schulklassen. In diesem Fall würde eine gewöhnliche Regression ausreichen, wenn dies auch nach Einbezug der unabhängigen Variablen so bleiben sollte.

Der ICC kann daher als Maß der allgemeinen Homogenität der Einheiten auf der niedrigen Ebene innerhalb der Einheiten auf der höheren Ebene verstanden werden. Je höher der ICC, desto homogener (ähnlicher) sind die Einheiten der niedrigeren Ebene innerhalb der Einheiten der höheren Ebene, zu denen sie gehören. Umgekehrt besteht eine stärkere Heterogenität der Einheiten auf niedrigerer Ebene innerhalb der höheren Ebene, je näher dieser Wert gegen 0 geht.

Wie bereits oben erwähnt, handelt es sich hier um unerklärte Varianzen. Sie geben allerdings einen Hinweis darauf, wie viel auf den beiden Ebenen potenziell erklärt werden kann. Je größer die Intra-Klassen Korrelation, desto wichtiger ist potenziell die höhere Ebene bei der Erklärung der Gesamtvarianz. Wie bereits im vorherigen Absatz beschrieben, bedeutet ein ICC von 1 allerdings, dass die Analyse nur bzw. besser über eine Aggregation gelöst werden kann. Demnach würde die Analyse ausschließlich auf einer höheren Ebene stattfinden. Im anderen Extremfall – eines ICC von 0 – wäre dagegen die gesamte Varianz auf der niedrigeren Ebene verortet und eine einfache Regressionsanalyse auf der Individualebene würde sich anbieten.

2.2 Random-Intercept Modelle

Ein Random-Intercept Modell erlaubt keine Variation der Steigung der Regressionsgeraden. Es kann allerdings Ebenen-übergreifende Interaktionen geben: $W_j * X_{ij}$ (Cross-Level Interaktionen). Der zugehörige Koeffizient γ_{11} bezeichnet jedoch einen festen Effekt und es gibt keinen Zufallseffekt.

$$Y_{ij} = \gamma_{00} + \gamma_{01}W_j + \gamma_{10}X_{ij} + \gamma_{11}W_jX_{ij} \\ + u_{0j} + e_{ij}$$

In seiner maximalen Ausprägung enthält es folglich eine (oder mehrere) X-Variablen, eine (oder mehrere) W-Variablen sowie eine (oder mehrere) Cross-Level Interaktionen (zwischen X- und W-Variablen). Selbstverständlich können zusätzlich auch jeweils eine oder mehrere Interaktionen vorhanden sein, an denen ausschließlich entweder X- oder aber W-Variablen beteiligt sind.

Random-Intercept Modelle könnten aber nicht nur ohne eine ebenenübergreifende Interaktion auskommen, sondern auch ohne eine erklärende Variable auf der niedrigeren oder der höheren Ebene. Wenn ein Random-Intercept Modell überhaupt keine erklärende Variable enthält, d. h. weder auf der niedrigeren noch auf der höheren Ebene, erhalten wir allerdings wieder ein Varianzkomponenten-Modell.

Im Schulbeispiel würde ein Random-Intercept Modell z. B. Sinn machen, wenn der Einfluss des Migrationshintergrunds der Schülerinnen und Schüler in allen Schulklassen in etwa gleich ist, wenn also z. B. die Leistung der Schülerinnen und Schüler in allen Klassen gleich viel schlechter ist als die Leistung der Schülerinnen und Schüler ohne Migrationshintergrund. Ist dies nicht der Fall, muss ein Random-Slope Modell geschätzt werden. Dabei spielt es keine Rolle, ob die Unterschiedlichkeit vom Anteil der Schülerinnen und Schüler mit Migrationshintergrund (einer Variablen auf der Klassenebene) in den einzelnen Schulklassen abhängt oder nicht.

2.3 Random-Slope Modelle

Wie wir bereits oben angedeutet haben, handelt es sich bei dem Basis-Modell der Mehrebenenanalyse um ein Random-Slope Modell. Wie ein Random-Intercept Modell besteht ein Random-Slope Modell in seiner maximalen Ausprägung aus X-Variablen, W-Variablen und Cross-Level Interaktionen (zwischen X- und W-Variablen). Außerdem können auch Interaktionsterme auftreten, die ausschließlich X- oder aber W-Variablen enthalten.

Zusätzlich dürfen allerdings auch die Regressionskoeffizienten zumindest einer unabhängigen X-Variablen zwischen den höheren Einheiten variieren. Daher beinhalten Random-Slope Modelle zwingend einen weiteren u-Term. Das impliziert, dass sie auch zwingend eine X- Variable enthalten müssen. Auf der anderen Seite kann es Random-Slope Modelle ohne erklärende W-Variablen auf der höheren Ebenen und ohne Cross-Level Interaktionen geben.

Wie wir später noch ausführlicher besprechen werden, dienen Cross-Level Interaktionen auch der „Erklärung" von Random-Slopes, soweit die entsprechenden X-Variablen in beiden Komponenten (d. h. sowohl den Cross-Level Interaktionen als auch den Random-Slopes) enhalten sind. Im Schulbeispiel würde man versuchen, eine unterschiedliche Stärke des Effektes des Migrationshintergrunds der Schülerinnen und Schüler (einer Variablen auf der Ebene der Schülerinnen und Schüler) auf deren Leistung in den einzelnen Klassen durch eine Cross-Level Interaktion des Migrationshintergrunds der Schülerinnen und Schüler und dem Anteil der Schülerinnen und Schüler mit Migrationshintergrund in den einzelnen Schulklassen (einer Variablen der Ebene der Schulklassen) zu erklären.

2.4 Modellvergleiche

Modellvergleiche im Rahmen der Regressionsanalyse helfen unter einer Vielzahl möglicher Modelle für eine konkrete abhängige Variable das Modell zu identifizieren, das diese Variable am präzisesten und genaustan abbildet. Bei der gewöhnlichen Regressionsanalyse geht es dabei darum, welche unabhängigen Variablen einen (zusätzlichen) Beitrag zur Erklärung einer abhängigen Variablen leisten. Bei der Mehrebenenanalyse geht es zusätzlich darum, ob eine Mehrebenenanalyse besser ist als eine gewöhnliche Regressionsanalyse, ob Variablen auf einer höheren Ebene eine zusätzliche Erklärungskraft haben bzw. ob die Beziehung zwischen der abhängigen Variablen und einer unabhängigen Variablen auf der niedrigeren Ebene in den einzelnen Einheiten der höheren Ebene unterschiedlich stark sind. Im Schulbeispiel interessiert man sich also neben der Erklärungskraft der einzelnen Variablen auf der Schüler- und Schülerinnen-Ebene (wie dem Migrationshintergrund der Schülerinnen und Schüler und ihrem Geschlecht) für folgende Fragestellungen: Unterscheiden sich die einzelnen Schulklassen (Einheiten auf der höheren Ebene) hinsichtlich der durchschnittlichen Leistung ihrer Schülerinnen und Schüler und ist somit eine Mehrebenenanalyse überhaupt erforderlich? Leistet der Anteil der Schülerinnen und Schüler mit Migrationshintergrund in den einzelnen Klassen (als Variablen auf der Schulklassen-Ebene) einen Beitrag zur Erklärung? Ist die Beziehung zwischen der Leistung der Schülerinnen und Schüler und ihrem Migrationshintergrund in den einzelnen Schulklassen unterschiedlich?

Wenn wir zwei Modelle miteinander vergleichen wollen, muss das eine in dem anderen Modell enthalten, „genestet" (*nested*), sein. Ein Modell ist in einem anderen „genestet", wenn dieses andere Modell allgemeiner ist, d. h. wenn in letzterem mehr Parameter berücksichtigt werden und folglich geschätzt werden müssen. Parameter, die nicht im Modell enthalten sind und folglich auch nicht geschätzt werden, werden nämlich de facto auf 0 gesetzt – und dies ist eine sehr spezifische Annahme. Der Einfluss der betreffenden Variablen auf die abhängige Variable wird den Störtermen zugeschrieben. Dies gilt für gewöhnliche Regressionsmodelle wie Mehrebenenmodelle gleichermaßen. So ist bereits eine gewöhnliche Regression, die zusätzlich eine weitere unabhängige Variable enthält, allgemeiner als ein Modell, das nur diese Variable nicht enthält.

So ist ein Mehrebenenmodell auch allgemeiner als ein gewöhnliches Regressionsmodell, da in letzterem die Mehrebenenstruktur ignoriert wird. In diesem Sinne ist auch ein Random-Slope Modell allgemeiner als ein Random-Intercept Modell. Bei einem Random-Slope Modell dürfen sich die Steigungen für zumindest eine X-Variable zwischen den höheren Einheiten unterscheiden, bei einem Random-Intercept Modell werden die Steigungen für alle höheren Einheiten für die betreffende X-Variable als gleich angesehen – eine recht starke Annahme. Schließlich ist auch ein Modell mit einer zusätzlich berücksichtigten Variablen auf der niedrigeren oder höheren Ebene allgemeiner als ein Modell, in dem diese Variable nicht enthalten ist.

Zwei Modelle, von denen ein Modell einen zusätzlichen Parameter enthält, aber auch das andere Modell einen Parameter enthält, der in dem ersten nicht enthalten ist, können nicht verglichen werden. Sie sind nicht genestet. Das gilt auch, wenn ein Random-Intercept Modell eine zusätzliche Variable zu einem ansonsten gleichen Random-Slope Modell enthält.

Beide Modelle müssen weiterhin auf der gleichen Anzahl von Fällen basieren. Warum dies so ist, kann man sich leicht klarmachen: Modelle, die auf unterschiedlichen Fallzahlen beruhen, beruhen auf unterschiedlichen (Teil-)Stichproben. Daher ist bei einem Modellvergleich nicht mehr zu unterscheiden, ob Unterschiede durch die jeweils spezifischen Modellannahmen bedingt sind oder die unterschiedlichen Datengrundlagen. Beispielsweise könnte im Schulbeispiel der Item-Nonresponse bei der Frage nach dem Migrationshintergrund hoch sein, wobei der Nonresponse abhängig ist von dem tatsächlichen Migrationshintergrund. Sind dann in einem der zu vergleichenden Modelle die Fälle mit fehlender Angabe zum Migrationshintergrund nicht mehr enthalten (nämlich in dem Modell, in dem der Migrationshintergrund erstmals als Variable aufgenommen ist, z. B. bei einem Vergleich zwischen Varianzkomponenten- und Random-Intercept Modell), werden möglicherweise zwei sehr unterschiedliche Schüler- und Schülerinnengruppen miteinander verglichen. Daher sollten Fälle mit fehlenden Werten auf einer der unabhängigen Variablen von vornherein ausgeschlossen werden, wenn es darum geht, Modelle zu vergleichen. Alternativ können fehlende Werte auch imputiert werden und die zu vergleichenden Modelle auf Grundlage der gleichen Stichprobe berechnet werden. Für nähere Informationen zur (multiplen) Imputation siehe Van Buuren (2018) oder Bruch (2016). In diesem Buch werden fehlende Werte allerdings jeweils ausgeschlossen, zumal es sich um recht wenige Fälle handelt.

2.5 Gütekriterien

Die Intra-Klassen Korrelation (ICC) haben wir bereits eingeführt. Sie ist wichtig zur Beantwortung der Frage, ob eine Mehrebenenanalyse überhaupt erforderlich ist, und was von einer Mehrebenenanalyse erwartet werden kann. Die Intra-Klassen Korrelation setzt z. B. eine Obergrenze für eine mögliche Erklärung durch Kontextmerkmale, im Schulbeispiel also etwa den Anteil der Schülerinnen und Schüler mit Migrationshintergrund in den Schulklassen.

Es gibt sowohl einen adjusted ICC als auch einen unadjusted ICC. Der adjusted ICC berücksichtigt lediglich die Random Effects zur Bestimmung der Intra-Klassen Korrelation, während der unadjusted ICC ebenfalls die Varianzen der Fixed Effects zur Bestimmung dieses Wertes heranzieht (Nakagawa et al. 2017). Wenn man an den Random Effects interessiert ist – wie wir hier –, benutzt man den adjusted ICC.

Wichtige Fitmaße für ein Mehrebenen-Modell sind AIC und BIC: AIC steht dabei für Akaike Information Criterion, BIC für Bayesian Information Criterion. Das Akaike Information Criterion (AIC) wird zur Evaluation der Anpassung eines Modells an die Daten verwendet. Dabei wird neben der Maximum-Likelihood Schätzung für das Modell (d. h. wie gut es die Daten reproduziert) auch die Anzahl der unabhängigen Variablen berücksichtigt, wobei Modelle „bestraft" werden, die mehr Variablen enthalten, aber trotzdem nicht (deutlich) mehr Varianz erklären als sparsamere Modelle. Auf dieser Grundlage werden Modellvergleiche durchgeführt. Das beste Modell ist dasjenige, das die meiste Variation mit der geringsten Zahl von unabhängigen Variablen erklärt. Je kleiner der AIC-Wert, desto besser. Das Bayesian Information Criterion (BIC) ist sehr ähnlich, allerdings spielt die Sparsamkeit der Modelle eine etwas größere Rolle. Außerdem können mit dem BIC auch nicht-genestete Modelle miteinander verglichen werden; mit dem AIC ist dies nicht möglich. Als genestete Modelle bezeichnet man diejenigen Modelle, bei denen das einfachere Modell vollständig im komplexeren Modell (mit mehr Parametern) enthalten ist.

Bei beiden Kriterien handelt es sich um Werkzeuge, die für einen Modellvergleich herangezogen werden. Entgegen anderen Gütekriterien, wie bspw. dem Bestimmtheitsmaß (R^2), sind diese nicht normiert und erlauben bei alleiniger Betrachtung keine Beurteilung, wie gut ein Modell die Variation einer abhängigen Variable erklärt. Sowohl AIC als auch BIC zeigen nur die relative Modellgüte an, also im Vergleich alternativer Modelle. Dabei kann es sich daher auch bei dem im Vergleich überlegenen Modell um ein schlechtes Modell in einem absoluten Sinne handeln.

Exkurs: Eine kleine Einführung in R 3

R ist eine objektorientierte Programmiersprache, die sich wachsender Beliebtheit erfreut (R Core Team 2023). Sie ist als Open-Source Software frei verfügbar. Gute englischsprachige Einführungen bieten z. B. Venables, Smith & the R Core Team (2024), sowie Wickham, Çetinkaya-Rundel & Grolemund (2023). Eine sehr gut gemachte interaktive Ressource auf der Grundlage des letztgenannten Buches findet sich unter https://rstudio.cloud/learn/ primers. Eine weitere zu empfehlendes Quelle ist das Buch von Mundt & Horvath (2025) aus dieser Reihe. Auch das R-Paket *swirl* (https://swirlstats.com/students.html), das direkt in R geladen werden kann, dient hervorragend als erster Einstieg in R. Als deutschsprachige Einführungen sind etwa Ligges (2008), Luhmann (2020) und Manderscheid (2017) zu nennen.

Zunächst laden Sie das Programm R in seiner aktuellen Version herunter (https://www.r- project.org/), im Anschluss daran dann Rstudio, mit dem Sie benutzerfreundlicher arbeiten können (https://www.rstudio.com/products/rstudio/download/).

Zur Fehlersuche – oder wenn Sie generell nicht weiterkommen – bietet sich eine Google-Suche an. Alternativ können Sie gleich bei https://stackoverflow.com/questions/tagged/rstudio suchen. Des Weiteren finden sich unter anderem bei R-bloggers (https://www.r-bloggers.com/2015/12/how-to-learn-r-2/) viele nützliche Artikel die vom einfachen Einstieg in R bis hin zu komplexen Datenmanipulationen reichen. R verfügt über eine ausgesprochen aktive Nutzerschaft und Sie können auch Ihre Fragen – vorausgesetzt Sie finden keine Ihnen weiterhelfende Antwort aus den archivierten früheren Fragen anderer Nutzer und Nutzerinnen – im Netz stellen und darauf vertrauen, dass andere Nutzer und Nutzerinnen hilfreiche Antworten senden. Schließlich können auch Anwendungen der künstlichen Intelligenz wie ChatGPT weiterhelfen.

Zur Durchführung der in diesem Buch besprochenen Analysen benötigen Sie einige Pakete, auch Libraries genannt, die bereits vordefinierte Funktionen umsetzen. Das speziell für die Mehrebenenanalyse verwendete Paket ist `lme4` (Bates et al. 2021). Daneben werden – teilweise nur an wenigen Stellen – noch weitere Programme benutzt. Alle diese Programme können Sie aus Rstudio heraus herunterladen. Hierzu ist jeweils ein install.packages- und ein library-Kommando erforderlich. Die install.packages-Kommandos brauchen Sie nur einmal auszuführen, deshalb werden sie im Folgenden mit „#" eingeleitet, das in R als Kommentarzeichen fungiert (also angibt, dass das jeweilig Dahinterstehende nicht von R interpretiert werden soll). Alternativ lassen sich in Rstudio Pakete auch unter dem Tab „packages" manuell herunterladen und auswählen. Die `library`-Kommandos müssen Sie dagegen bei jeder neuen Sitzung ausführen.

```
#install.packages ("tidyverse")
#install.packages ("lme4")
#install.packages ("lmerTest")
#install.packages ("performance")
#install.packages ("haven")
#install.packages ("texreg")

library(tidyverse)
library(lme4)
library(lmerTest)
library(performance)
library(haven)
library(texreg)
```

Noch einige Anmerkungen zu den oben aufgeführten Programmen. Das Paket `tidyverse` lädt automatisch eine Reihe von Programmen, die Sie im Verlaufe Ihrer Analysen möglicherweise benötigen. Darunter fällt z. B. das Grafikpaket `ggplot2`, aber auch das Paket `dplyr` zur Datenmanipulation.

Das Paket `dplyr` enthält eine Menge von Kommandos zur Datenmanipulation. Darunter sind etwa die Folgenden besonders wichtig:

`select()` zur Auswahl bestimmter Variablen aus dem Datensatz,

`filter()` zur Auswahl von Fällen, die bestimmte Werte auf bestimmten Variablen

haben, `arrange()` zur Umordnung der Fälle (Zeilen im Datensatz) in Abhängigkeit von bestimmten Variablen (aufsteigend oder absteigend), `mutate()` zur Bildung von neuen Variablen als Funktion von bereits im Datensatz vorhandenen Variablen,

`group_by()` zur Einschränkung bestimmter Operationen auf Fälle mit bestimmten Eigenschaften

sowie `summarise()` zur Aggregation bestimmter Variablen.

Mit einer Kombination von `summarise()` und `group_by()` lassen sich z. B. Mittelwerte für Subgruppen berechnen.

Mit der sogenannten Pipe (%>%) aus dem Paket tidyverse lassen sich Einzelkommandos kombinieren. Dies trägt wesentlich zur Übersichtlichkeit bei und erleichtert die Arbeit erheblich. Ein kleines Beispiel soll das hier illustrieren:

```
datensatz %>%
filter(v1 > 0)   %>%
mutate(neu = v2 / sum(v2))      %>%
select(v1, neu)
```

Diese Folge von Befehlen lässt sich wie folgt lesen: Lese den Datensatz ein und dann nehme alle Fälle, für die `v1` größer als 0 ist, und dann berechne eine neue Variable als Quotient aus dem Wert von `v2` und der Summe von `v2`, und dann wähle die Variablen `v1` und `neu` aus.

`lmerTest` wird zur Berechnung der p-Werte verwendet, die `lme4` nicht standardmäßig liefert. `performance` dient der Berechnung von Indikatoren der Modellqualität (goodness of fit). `haven` wird für das Einlesen der Daten benutzt. Mit `texreg` können schließlich Übersichtstabellen erstellt werden.

Neben dem Basis-R sind viele weitere R-Programme von Nutzern und Nutzerinnen geschrieben. Dies hat zur Konsequenz, dass R nicht völlig einheitlich ist. Es gibt auch eine Überlappung von Kommandos aus unterschiedlichen Paketen, die gleich heißen und häufig Gleiches oder Ähnliches leisten. Dennoch kann es dabei vorkommen, dass die gleichlautenden Befehle unterschiedliche Argumente benötigen. Die Anforderungen an die Daten, die bei einem solchen Kommando je nach Paket erforderlich sind, können ebenfalls unterschiedlich sein. Beim Laden der einzelnen Programme wird zwar jeweils angegeben, welche Kommandos aus dem Basis-R oder aus bereits zuvor geladenen Programmen sozusagen in den Hintergrund verschoben werden und damit nicht mehr mit ihrem Namen allein aufgerufen werden können. Allerdings merkt sich das natürlich kaum jemand. Wenn Sie sich also nicht sicher sind, auf welches Paket ein Kommando in Ihrem jeweiligen Kontext (d. h. in Abhängigkeit von den von Ihnen aufgerufenen Programmen) zugreift, müssten Sie das explizieren. Dies geschieht durch [Paketname]::[Kommandoname] an Stelle von [Kommandoname] alleine, z. B. `stats`::[Kommandoname], wenn Sie ein Kommando aus dem Basis-R ansprechen wollen. Für Kommandos aus den anderen Paketen setzen Sie einfach den Paketnamen für `stats` ein, also etwa `dplyr`, wenn das von ihnen benutzte Kommando aus dem `dplyr`-Paket genommen werden soll. So gibt es etwa jeweils einen recode-Befehl in den Paketen `dplyr` und `car` – mit unterschiedlicher Syntax, so dass Sie möglicherweise eine Fehlermeldung bekommen, wenn Sie das unzutreffende Paket spezifiziert haben. Weiterhin wichtig ist, dass das entsprechende Paket, auf das Sie zugreifen möchten, auch bereits auf Ihrem Rechner installiert ist.

Kennzeichnend für R sind Zuweisungen („assignment statements") mit Hilfe des Operators <-, wobei links davon ein Name und rechts eine Funktion steht (z. B. `lm(y ~ x)` für den einfachsten Fall einer Regression einer Y-Variable auf eine X-Variable).

Bei R wird – wie auch in anderen Programmen – zwischen einer Reihe von Variablentypen unterschieden. Eine Besonderheit sind Faktoren (*factors*). Dies sind kategoriale Variablen, die eine feste Menge von Werten haben.

Sowohl das Basis-R als auch die anderen Pakete – wie auch das zugehörige Informations material – werden häufig auf den neuesten Stand gebracht. Dies hat leider die Konsequenz, dass die in diesem Buch angegebenen Referenzen oder die Befehle selbst nach einiger Zeit möglicherweise nicht mehr ganz aktuell sind. Eine erneute Suche im Netz ist dann sehr zu empfehlen.

Daten zur Veranschaulichung 4

Im Folgenden werden Daten des PIONEUR-Projekts verwendet, eine Studie über innereuropäische Migration (finanziert von der Europäischen Kommission im 5. Rahmenprogramm; https://search.gesis.org/research_data/ZA4512). Diese Daten können nach einer kurzen Registrierung kostenlos von der genannten GESIS-Seite heruntergeladen werden. Wir verwenden hier aber einen gekürzten und mit zusätzlichen Variablen angereicherten Datensatz, der im elektronischen Zusatzmaterial dieses Buches enthalten ist und dort heruntergeladen werden kann.

Untersucht wurden Migrantinnen und Migranten von Frankreich, Deutschland, Großbritannien, Italien und Spanien in jeweils eines der vier anderen Länder, die seit mindestens einem Jahr in ihrem neuen Aufenthaltsland lebten, zwischen 1974 und 2003 ausgewandert sind und zum Zeitpunkt der Migration mindestens 18 Jahre alt waren (siehe Recchi und Favell 2009). Die Stichprobe basierte auf einem besonderen Verfahren, wobei auf der Grundlage von Namen Telefonnummern aus Telefonbüchern gezogen wurden. Telefoninterviews (CATI) wurden von zweisprachigen Interviewern auf Basis von Fragebögen in den jeweiligen Sprachen der Herkunftsländer durchgeführt. Für jede Kombination aus Herkunftsland (country of origin, CoO) und Aufenthaltsland (country of residence, CoR) wurden Informationen über etwa 250 Befragte erhoben (insgesamt ca. 5000 Fälle). Dies ist keine Zufallsstichprobe aller CoO/CoR-Kombinationen für die EU-Länder, zumal die

Ergänzende Information Die elektronische Version dieses Kapitels enthält Zusatzmaterial, auf das über folgenden Link zugegriffen werden kann [https://doi.org/10.1007/978-3-658-47710-3_4].

© Der/die Autor(en), exklusiv lizenziert an Springer Fachmedien Wiesbaden GmbH, ein Teil von Springer Nature 2025
M. Sand, M. Braun, *Mehrebenenanalyse*, Quantitative Sozialforschung, https://doi.org/10.1007/978-3-658-47710-3_4

berücksichtigten Länder die bevölkerungsreichsten in dieser Gruppe sind. Darüber hinaus ist die Anzahl der 20 resultierenden CoO/CoR-Kombinationen für die Mehrebenenanalyse zwar eher gering, aber in der Praxis nicht ungewöhnlich.

Mit diesen Daten wird nicht nur der Standardfall einer hierarchischen Mehrebenenanalyse dargestellt, wenn die einzelnen Einheiten der niedrigeren Ebene genau einer Einheit der höheren Ebene angehören, sondern auch die sogenannte „Cross-Classification", wenn eine Einheit der niedrigeren Ebene jeweils zwei Einheiten aus höheren Ebenen zugeordnet wird. Im ersten Fall, der hierarchischen Mehrebenenanalyse, werden Migranten- und Migrantinnengruppen als höhere Einheiten betrachtet. Diese Migranten- und Migrantinnengruppen sind so definiert, dass sie jeweils von einem bestimmten Herkunftsland in ein bestimmtes Aufenthaltsland migriert sind. Im zweiten Fall, der „Cross-Classification", werden Herkunftsland und Aufenthaltsland als zwei unterschiedliche höhere Ebenen aufgefasst, die aber untereinander nicht in einem hierarchischen Verhältnis stehen.

Nach einer weiteren Bearbeitung des PIONEUR-Datensatzes wird dann auch eine longitudinale Analyse durchgeführt. Sprachkenntnisse zum Zeitpunkt der Migration und zum Zeitpunkt der Befragung werden als zwei Messungen der gleichen Variablen zu unterschiedlichen Zeitpunkten dargestellt. Dazu erfolgt eine Transformation von einem 2 Ebenen zu einem 3 Ebenen umfassenden Datensatz. Die Ebene der Zeitpunkte stellt dabei die niedrigste, die Migranten und Migrantinnen die mittlere und die Migranten- und Migrantinnengruppen die höchste Ebene dar.

Umsetzung der Mehrebenenmodelle für eine metrische abhängige Variable in R

5

Die Umsetzung der zuvor beschriebenen Mehrebenenmodelle zeigen wir im Folgenden an einem Beispiel aus der Migrationssoziologie. Dabei geht es um die Sprachkenntnisse von Migranten und Migrantinnen in der Sprache des Aufenthaltslandes. Dies ist in inhaltlicher Betrachtungsweise ein vereinfachtes Beispiel; Braun (2010) bietet eine umfassendere Darstellung. Ergänzende Ausführungen zu diesem Kapitel sowie der verwendete Datensatz befindet sich im elektronischen Zusatzmaterial.

Als mögliche erklärende Variablen für die Sprachkenntnisse werden das Alter bei der Migration und die Anzahl der Freunde aus dem Aufenthaltsland herangezogen. Dabei vermuten wir, dass ein höheres Alter bei der Migration zu schlechteren und eine hohe Anzahl von Freunden aus dem Aufenthaltsland zu besseren Sprachkenntnissen führt. Beides sind Variablen auf der Migranten- und Migrantinnen-Ebene, also der niedrigeren Ebene.

Die Migranten- und Migrantinnengruppen sind definiert über ein bestimmtes Herkunfts- und ein bestimmtes Aufenthaltsland. Wir vermuten, dass sich die durchschnittlichen Sprachkenntnisse der einzelnen Migranten- und Migrantinnengruppen voneinander unterscheiden. Weiterhin vermuten wir, dass die Beziehung zwischen der Anzahl der Freunde aus dem Aufenthaltsland und den Sprachkenntnissen der Migranten und Migrantinnen über die einzelnen Migranten- und

---

Ergänzende Information Die elektronische Version dieses Kapitels enthält Zusatzmaterial, auf das über folgenden Link zugegriffen werden kann [https://doi.org/10.1007/978-3-658-47710-3_5].

© Der/die Autor(en), exklusiv lizenziert an Springer Fachmedien Wiesbaden GmbH, ein Teil von Springer Nature 2025
M. Sand, M. Braun, *Mehrebenenanalyse*, Quantitative Sozialforschung, https://doi.org/10.1007/978-3-658-47710-3_5

Migrantinnengruppen hinweg variieren kann. Die Gruppe, zu der Migrantinnen und Migranten gehören, ist in diesem Beispiel daher die höhere Ebene.

Jeder dieser Migranten- und Migrantinnengruppen kann eine bestimmte linguistische Distanz zur Sprache des jeweiligen Aufenthaltslandes zugeordnet werden. Unter linguistischer Distanz verstehen wir die Schwierigkeit des Erlernens der fremden Sprache für Sprecher und Sprecherinnen der eigenen Sprache. Sie ist für alle Migrantinnen- und Migranten einer Gruppe gleich. Hier vermuten wir, dass eine höhere linguistische Distanz zu schlechteren Sprachkenntnissen führt. Weiterhin vermuten wir, dass zumindest ein Teil der Variabilität des Effektes der Anzahl der Freunde aus dem Aufenthaltsland auf die Sprachkenntnisse durch eine Wechselwirkung zwischen der Anzahl der Freunde aus dem Aufenthaltsland (als Variable auf der Migranten- und Migrantinnen-Ebene) und der linguistischen Distanz (als Variable auf der Migrantengruppen- und Migrantinnengruppen-Ebene) erklärt werden kann: Die Anzahl der Freunde aus dem Aufenthaltsland sollte sich insbesondere bei Migranten- und Migrantinnengruppen mit hoher linguistischer Distanz förderlich auf die Sprachkenntnisse auswirken.

Die Sprachkenntnisse von Migranten und Migrantinnen zum Zeitpunkt des Interviews (`langnow`) werden also durch zwei Variablen auf der niedrigeren Ebene (der Migranten- und Migrantinnen-Ebene), das Alter bei der Migration (`migage`) und die Anzahl der Freunde aus dem Aufenthaltsland (`fr_cor`), sowie durch die linguistische Distanz (`Lingdist`) als Variable auf der Migranten- und Migrantinnengruppen-Ebene vorhergesagt. `langnow` ist eine 5-stufige Variable, die wir aber dennoch als metrische Variable behandeln. Der Datensatz wurde zur Bearbeitung im Rahmen dieses Buches angepasst. Um eine bessere Lesbarkeit zu gewährleisten, wurden die Variablen des Datensatzes ebenfalls umbenannt. `langnow` bspw. leitet sich aus der Variablen q2_19a ab, die zusätzlich noch invertiert wurde. Eine Übersicht, wie welche Variablen verändert wurden, sowie der in diesem Buch verwendete Datensatz, lassen sich im elektronischen Zusatzmaterial finden.

Die Guppen-Ebene (`Gruppe`) umfasst 20 Einheiten, die Kombinationen aus Herkunfts- und Aufenthaltsland (also diejenigen Migranten und Migrantinnen, die aus einem der Länder Deutschland, Frankreich, Großbritannien, Italien und Spanien in eines der anderen Länder migriert sind).

Um die Fallzahl über die unterschiedlichen Analysen in diesem Buch – nicht nur in diesem Kapitel – konstant zu halten, werden Fälle mit fehlenden Werten auch bei den Variablen ausgeschlossen, die erst im Kap. 7 zu Longitudinaldaten verwendet werden.

Die Struktur des R-Befehls des Paketes `lme4` für Mehrebenenmodelle für eine metrische abhängige Variable ist wie folgt. Die Ausdrücke für das Modell als Ganzem, der abhängigen und unabhängigen Variablen, der unterschiedlichen Ebenen

5 Umsetzung der Mehrebenenmodelle für eine metrische abhängige Variable ...

und der Datei müssen durch die jeweiligen Namen ersetzt werden. Der Rest ist Teil der R-Syntax und muss in dieser Form übernommen werden.

```
Name des Modells <- lmer(abhängige Variable ~ 1
     + unabhängige Variable(n)
     + (1 + unabhängige Variable(n)
        der niedrigeren Ebene | Name der höheren Ebene),
     data = verwendete Datei,
     REML = FALSE)
```

Dies ist eine recht umfassende Version des entsprechenden Befehls. Für die im Folgenden zu besprechenden Untermodelle werden nicht alle Komponenten benötigt. Der Name des Modells sollte inhaltlich verständlich und einprägsam gewählt werden, weil darauf später bei Modellvergleichen zurückgegriffen wird. Rechts von „<-" steht die zu verwendende Funktion. Wir verwenden hier die lmer-Funktion aus dem Paket lme4, das zuvor separat aufgerufen werden muss. Dann wird eine Klammer geöffnet. Hier wird zunächst die abhängige Variable angegeben, gefolgt von „~", was wie ein Gleichheitszeichen in anderen Programmen funktioniert. Die „1" fordert die Berücksichtigung der Regressionskonstanten an. Darauf folgt ein „+" und die unabhängigen Variablen. Dabei spielt keine Rolle, auf welcher Ebene diese Variablen angesiedelt sind; nicht einmal die Reihenfolge muss sich an die Zugehörigkeit zu den Ebenen halten. Nach einem weiteren „+" muss eine runde Klammer geöffnet werden. Es folgt wiederum eine 1 zur Anforderung der Regressionskonstante, gefolgt von einem „+" und unabhängigen Variablen der niedrigeren Ebene. Im Unterschied zu der vorigen Auflistung der unabhängigen Variablen werden an dieser Stelle aber nicht notwendigerweise alle von ihnen eingetragen, sondern nur diejenigen, deren Effekt auf die abhängige Variable über die Einheiten der höheren Ebene unterschiedlich sein darf (also von den Modellannahmen her variieren kann). Dadurch wird ein Random-Slope Modell spezifiziert. Wird an dieser Stelle keine unabhängige Variable eingetragen, handelt es sich um ein Random-Intercept Modell. Dadurch werden von den Modellannahmen her unterschiedliche Beziehungen zwischen unabhängigen und abhängigen Variablen in den einzelnen Einheiten der höheren Ebene ausgeschlossen. Der durchschnittliche Effekt (der einen Fixed Effect darstellt) gilt damit unterschiedslos für alle höheren Einheiten.

Darauf folgt in jedem Fall (d. h. unabhängig davon, ob ein Random-Slope oder Random- Intercept Modell aufgerufen wird) ein vertikaler Strich „|" und der Name der höheren Ebene. Danach wird die Klammer geschlossen. Getrennt durch ein Komma folgt dann die verwendete Datei. Anstelle der Spezifikation „data ="

reicht auch der Name der Datei. Bei Verwendung eines Maximum-Likelihood Schätzers folgt dann noch – wiederum getrennt durch ein Komma – die Option „REML = FALSE". Fehlt diese Option, so tritt die Voreinstellung in Kraft, und es wird ein Restricted Maximum-Likelihood Schätzer statt eines Full Maximum-Likelihood Schätzers verwendet. Wir werden zunächst mit einem Full Maximum-Likelihood Schätzer arbeiten und erst zu einem späteren Zeitpunkt die Vor- und Nachteile der beiden Alternativen diskutieren.

R berechnet das Modell zunächst „still", d. h. R speichert die Ergebnisse des Modells in dem zugewiesenen Objekt als Liste, um sie gegebenenfalls später für Vergleiche mit anderen Modellen wieder heranziehen zu können. Es erfolgt aber keine Ausgabe. Diese muss mit dem Kommando anfordert werden.

```
summary(Name des Modells)
```

Nachdem ein weiteres Modell geschätzt worden ist, kann ein Likelihood-Ratio Test zum Vergleich zweier „genesteter" (nested) Modelle angefordert werden. Wie bereits diskutiert, ist ein Modell in einem anderen genestet, wenn dieses andere Modell allgemeiner ist, d. h. wenn in letzterem mehr Parameter berücksichtigt werden und geschätzt werden müssen. Beide Modelle müssen weiterhin auf der gleichen Anzahl von Fällen basieren. Dies kann man – wie bereits erwähnt – sowohl durch den Ausschluss von Fällen mit fehlenden Werten für die unabhängigen Variablen erreichen wie durch Imputation fehlender Werte. Hier werden Fälle mit fehlenden Werten jeweils ausgeschlossen.

Der Modellvergleich erfolgt dann z. B. durch den folgenden Befehl:

```
anova (Modell1, Modell2)
```

5.1 Das Varianzkomponenten-Modell

Normalerweise ist der erste Schritt bei einer Mehrebenenanalyse das Schätzen eines Varianzkomponenten-Modells (oder eines leeren Modells). Es enthält keine erklärenden Variablen. Es ist damit das einfachste Mehrebenenmodell überhaupt. Im Vergleich zum Basismodell geht hier nur die höhere Ebene, d. h. die Migranten- und Migrantinnengruppen-Ebene, ein. Das Modell hat damit folgende Struktur:

```
Name des Modells <- lmer( abhängige Variable ~ 1 +
        (1 | Name der höheren Ebene),
        data = verwendete Datei,
        REML = FALSE)
```

5.1 Das Varianzkomponenten-Modell

Eine weitere Vereinfachung, die Streichung des Terms „+ (1| Name der höheren Ebene)", würde zu einem einfachen Regressionsmodell ohne unabhängige Variablen führen, das lediglich den Mittelwert schätzt und zusätzlich einen Störterm e enthält. Dies wäre allerdings – obwohl es mit dem Kommando für die Mehrebenenanalyse geschätzt werden kann – kein Mehrebenenmodell mehr.

Das Hauptziel eines Varianzkomponenten-Modells ist die Zerlegung der Varianz in *unerklärte*(!) Varianz auf der höheren und der niedrigeren Ebene. Hierzu werden die beiden Störterme auf der niedrigeren (e_{ij}) und der höheren Ebene (u_{0j}) geschätzt. Es soll noch einmal ausdrücklich betont werden, dass es sich um unerklärte Varianz handelt. Im Varianzkomponenten-Modell wird ja noch nichts erklärt und kann auch gar nichts erklärt werden, da keine unabhängigen Variablen enthalten sind. Allerdings zeigen die Ergebnisse, was maximal auf den beiden Ebenen erklärt werden kann. Wir bezeichnen dieses Modell als „leer".

Im Folgenden sind die verwendeten R-Kommandos zusammen mit dem R-Output dargestellt.

Varianzkomponenten-Modell

```
leer <- lmer(langnow ~ 1 + (1 | Gruppe),data = h, REML= FALSE)
summary(leer)

## Linear mixed model fit by maximum likelihood . t-tests use Satterthwaite's
##   method [lmerModLmerTest]
## Formula: langnow ~ 1 + (1 | Gruppe)
##    Data: h
## 
##      AIC       BIC    logLik   deviance  df.resid
##   12707.6   12727.1   -6350.8   12701.6      4832
## 
## Scaled residuals:
##     Min       1Q    Median        3Q       Max
## -3.9232  -0.5602    0.2182    0.6727    2.2435
## 
## Random effects:
##    Groups    Name         Variance    Std.Dev.
##    Gruppe    (Intercept)    0.2281      0.4776
##    Residuals                0.7958      0.8921
## Number of obs: 4835,   groups:     Gruppe, 20
## 
```

```
## Fixed effects:
##               Estimate  Std. Error     df    t value  Pr(>|t|)
## (Intercept)    4.0509     0.1076    19.9981    37.66   <2e-16 ***
## ---
## Signif. codes:  0 '***' 0.001 '**' 0.01 '*' 0.05 '.' 0.1 ' ' 1
```

Teile des R-Outputs sind für uns nicht relevant und werden deshalb an dieser Stelle nicht diskutiert.

Zunächst gibt R noch einmal „mit eigenen Worten" wieder, welches Modell geschätzt wird. Dann werden Fitmaße für das Gesamtmodell angegeben: AIC (Akaike Information Criterion) und BIC (Bayesian Information Criterion). Beide werden zur Evaluation der Anpassung eines Modells an die Daten verwendet, wobei auch die Anzahl der unabhängigen Variablen berücksichtigt wird. Das beste Modell ist dasjenige, das die meiste Variation mit der geringsten Zahl von unabhängigen Variablen erklärt. Je kleiner der AIC-Wert, desto geeigneter ist das Modell. Gleiches gilt auch für den BIC-Wert.

Unter Random Effects lassen sich die Varianzkomponenten finden. Diese entsprechen $\sigma^2_{u_{0j}}, \sigma^2_{u_{1j}}$ und $\sigma^2_{e_{ij}}$ (Spalte Variance). Da hier kein Random-Slope Modell geschätzt wird, taucht $\sigma^2_{u_{1j}}$ nicht auf. Die Zeile Residual zielt auf die Streuungsparameter von e_{ij} ab, also die Abweichungen der Sprachkenntnisse der einzelnen Migranten und Migrantinnen vom Mittelwert ihrer jeweiligen Migranten- und Migrantinnengruppe. Die entsprechende Varianz $\sigma^2_{e_{ij}}$ beträgt 0,7958. Ansonsten sind Varianzen, über die hier berichtet wird, über die in „Name" gelisteten Variablenkennungen eindeutig zuordenbar. Die unter Gruppe (Intercept) ausgewiesene Varianz ist die Varianz auf der höheren Ebene, in diesem Fall der Migranten- und Migrantinnengruppen-Ebene. Diese bezieht sich auf das Random-Intercept, den Störterm u_{0j} aus der Formel, also die Abweichung der Mittelwerte der Sprachkenntnisse in den einzelnen Migranten- und Migrantinnengruppen vom Gesamtmittel (über alle Migranten und Migrantinnen und Migranten- und Migrantinnengruppen). Sie beträgt 0,2281. Die Varianz der Regressionskoeffizienten der einzelnen unabhängigen Variablen ($\sigma^2_{u_{1j}}$) würde mit der jeweiligen Variablenkennung gelistet werden.

Gleich darunter wird die Zahl der Fälle auf der niedrigeren (4835) und der höheren Ebene (20) angegeben. Es ist immer sinnvoll, dies zu überprüfen, da durch die Einbeziehung von (neuen) unabhängigen Variablen Fälle verloren gegangen sein könnten und sich die Ergebnisse für verschiedene Modelle dann nicht auf die gleiche Stichprobenpopulation beziehen. Ein Modellvergleich wäre damit nur noch

5.1 Das Varianzkomponenten-Modell

bedingt möglich. Fälle mit fehlenden Werten bei den unabhängigen Variablen sollten deshalb ausgeschlossen oder die fehlenden Werte anderweitig ersetzt werden, z. B. durch Imputation.

Unter Fixed Effects werden die geschätzten Regressionskoeffizienten, deren Standardabweichung und Signifikanz auf niedriger (und höherer) Ebene wie in einer gewöhnlichen Regressionsanalyse gelistet (γ-Koeffizienten). Im vorliegenden Fall gibt es nur einen dieser Effekte, den Gesamtmittelwert über alle Migranten- und Migrantinnengruppen), gewichtet mit der Zahl der Migranten und Migrantinnen pro Gruppe. Dieser Mittelwert wird auch als Grand Mean bezeichnet. Er beträgt 4,059 und entspricht somit ungefähr der zweithöchsten Kategorie der Sprachkenntnisse.

Aus den Varianzkomponenten lässt sich die Intra-Klassen Korrelation (*intraclass correlation*, ICC) als Anteil der Varianz auf der Gruppenebene an der Gesamtvarianz gemäß folgender Formel berechnen:

Intra-Klassen Korrelation = Varianz auf Gruppenebene/(Varianz auf Gruppenebene + Varianz auf Migranten- und Migrantinnen-Ebene) = 0,2281/(0,7958 + 0,2281) = 0,2228

Mit R kann die Intra-Klassen Korrelation auch wie folgt berechnet werden:

```
performance::icc(leer)

## # Intraclass Correlation Coefficient
##     Adjusted ICC: 0.223
##   Unadjusted ICC: 0.223
```

Hierbei ist der „adjusted ICC" für uns relevant.

Damit befinden sich 22,3 % der Gesamtvarianz auf der Ebene der Migranten- und Migrantinnengruppen. Dies ist nicht unbeträchtlich für Modelle, die Einheiten wie Länder oder Organisationen auf der höheren Ebene haben.

Wie oben beschrieben, benutzt man den ICC unter anderem zur Beantwortung der Frage, ob eine Mehrebenenanalyse überhaupt erforderlich ist. Dies ist bei einem ICC von 0,223 ganz eindeutig der Fall. Weiterhin zeigt die ICC, wieviel Varianz auf den beiden Ebenen maximal erklärt werden kann. Dabei bedeutet eine hohe Intra-Klassen Korrelation, dass die höhere Ebene bei der Erklärung der Gesamtvarianz besonders wichtig sein kann. In unserem Beispiel wären insgesamt mehr als 10 % der Gesamtvarianz erklärt, wenn wir auf der höheren Ebene nach Einbeziehung der unabhängigen Variablen etwa die Hälfte der Varianz erklären könnten, auf der unteren Ebene aber nichts. Dies liegt daran, dass die höhere Ebene insgesamt 22,3 % zur Gesamtvarianz beiträgt.

Nachdem wir nun festgestellt haben, dass ein beträchtlicher Teil der Varianz auf der Migranten- und Migrantinnengruppen-Ebene lokalisiert ist, nehmen wir als nächstes potenziell erklärende Variablen aus der niedrigeren Ebene auf. Warum es sinnvoll ist, hier mit Variablen der niedrigeren Ebene zu beginnen, wird gleich klar werden.

Hier nur noch kurz zur Benennung der Modelle. Das Varianzkomponenten-Modell hatten wir mit „leer" bezeichnet. Dies ist eindeutig. Bei allen anderen Modellen muss demgegenüber auch angegeben werden, ob nur das Intercept oder auch der Slope für unabhängige Variablen variieren kann. Bei den folgenden Modellen wird in R daher mit „ri" angegeben, dass es sich um ein Random-Intercept Modell handelt, und mit „rs", dass es sich um ein Random-Slope Modell handelt. Dahinter wird jeweils hinzugefügt, welche Variablen einbezogen werden: „ind" für Individualvariablen, „gr" für Gruppenvariablen und „clint" für Cross-Level Interaktionen. „rs_ind_gr_clint" wäre also ein Random-Slope Modell mit Variablen auf beiden Ebenen und einer Cross-Level Interaktion. Zunächst beginnen wir aber mit Random-Intercept Modellen ohne Cross-Level Interaktionen. Das erste dieser Modelle beinhaltet zudem nur Variablen auf niedrigerer Ebene.

5.2 Random-Intercept Modell mit Effekten auf niedrigerer Ebene

Wir benutzen hier wegen der besseren Übersichtlichkeit nur zwei Variablen, das Alter bei der Migration (migage) und die Anzahl der Freunde aus dem Aufenthaltsland (fr_cor). Die erste ist eine metrische Variable, die auch als solche einbezogen wird. Die zweite ist eigentlich eine dreistufige Ordinalvariable mit den Kategorien „keine" (0), „einige" (1) und „viele" (2). Sie wird hier der Einfachheit halber trotzdem wie eine metrische Variable behandelt, nachdem überprüft wurde, dass sie von der Erklärungskraft her zwei Dummy-Variablen entspricht. Das mittlere Alter bei Migration beträgt 34,94, mit einer Standardabweichung von 13,2 und einem Median von 31 Jahren. Die Verteilung von fr_cor ist:

0	1	2
228	1498	3109

Random-Intercept Modell mit Effekten auf niedrigerer Ebene

```
ri_ind <-lmer(langnow ~ migage + fr_cor + (1| Gruppe),
              data = h, REML = FALSE)
summary(ri_ind)

## Linear mixed model fit by maximum likelihood . t-tests use Satterthwaite's
## method [lmerModLmerTest]
## Formula: langnow ~ migage + fr_cor + (1 | Gruppe)
##    Data: h
##
##      AIC      BIC   logLik deviance df.resid
##  11853.7  11886.2  -5921.9  11843.7     4830
##
## Scaled residuals:
##     Min      1Q  Median      3Q     Max
## -4.7277 -0.5868  0.1342  0.6690  2.8357
##
## Random effects:
##  Groups   Name        Variance Std.Dev.
##  Gruppe   (Intercept) 0.1143   0.3381
##  Residuals            0.6678   0.8172
## Number of obs: 4835, groups:  Gruppe, 20
##
## Fixed effects:
##               Estimate Std. Error         df t value Pr(>|t|)
## (Intercept)  4.280e+00  9.391e-02  4.493e+01   45.58   <2e-16 ***
## migage      -2.413e-02  1.068e-03  4.798e+03  -22.60   <2e-16 ***
## fr_cor       3.836e-01  2.191e-02  4.834e+03   17.51   <2e-16 ***
## ---
## Signif. codes:  0 '***' 0.001 '**' 0.01 '*' 0.05 '.' 0.1 ' ' 1
##
## Correlation of Fixed Effects:
##        (Intr) migage
## migage -0.447
## fr_cor -0.426  0.136
```

Unter „Random effects" werden wieder die Varianzkomponenten und ihre Standardabweichungen aufgelistet. Die unter „Gruppe (Intercept)" ausgewiesene Varianz ist die Varianz auf der höheren Ebene, die dort nach Einführung der beiden Variablen der niedrigeren Ebene noch verbleibt. Ebenso gibt „Residual" die nach Einführung der unabhängigen Variablen noch verbleibende Varianz auf der niedrigeren Ebene an. Wie wir im Vergleich mit dem Varianzkomponenten-Modell sehen, sind beide Werte nicht unbeträchtlich gefallen.

Gleich darunter wird die Zahl der Fälle auf der niedrigeren und der höheren Ebene angegeben. Sie haben sich im Vergleich zum Varianzkomponenten-Modell nicht verändert, da die Fälle mit fehlenden Werten auf den beiden neu aufgenommenen unabhängigen Variablen bereits zu Beginn gelöscht wurden. Damit ist ein formaler Modellvergleich möglich.

Schließlich werden unter „Fixed Effects" wieder die festen Regressionskoeffizienten wie in einer gewöhnlichen Regressionsanalyse angegeben. Im Unterschied zum Varianzkomponenten-Modell gibt es jetzt nicht nur einen dem Gesamtmittelwert über alle Migranten- und Migrantinnengruppen entsprechenden Term. Hier bezieht sich das Intercept allerdings auf diejenigen Migranten und Migrantinnen, die auf den beiden unabhängigen Variablen den Wert Null haben.

Interessant sind hier insbesondere die beiden Regressionskoeffizienten für das Alter bei der Migration (migage, −0,024) und die Zahl der Freunde aus dem Aufenthaltsland (fr_cor, 0,384). Ein niedriges Alter bei der Migration und viele Freunde aus dem Aufenthaltsland wirken sich positiv auf die Sprachkenntnisse aus. Schließlich werden unter „Correlation of Fixed Effects" noch die Interkorrelationen zwischen den Regressionskoeffizienten über die einzelnen Migranten- und Migrantinnengruppen hinweg angegeben. So ist etwa die Korrelation zwischen dem Koeffizienten von fr_cor und der Regressionskonstante negativ. Das bedeutet, dass die Wirkung von Freunden aus dem Aufenthaltsland umso größer ist, je geringer das durchschnittliche Niveau der Sprachkenntnisse in einer Migranten- und Migrantinnengruppe ist.

Grafisch lässt sich das hier beschriebene Modell anhand von Abb. 5.1 darstellen. Hier stellt jede Linie eine Regressionsgerade für die Regression der Sprachkenntnisse auf das Alter bei der Migration (als Variablen auf der Ebene der Migranten und Migrantinnen) für jeweils eine Migranten- und Migrantinnengruppe dar. Die Regressionsgeraden für alle Migranten- und Migrantinnengruppen sind parallel, d. h. die Regressionskoeffizienten für das Alter bei der Migration sind für alle Gruppen gleich. Dies kann bei einem Random-Intercept Modell auch gar nicht anders sein, da keine Variation hinsichtlich der Regressionskoeffizienten zwischen den Migranten- und Migrantinnengruppen zugelassen ist.

Die Erläuterung, wie die entsprechenden Abbildungen in R erstellt wurden, findet sich im elektronischen Zusatzmaterial.

Der nächste Schritt ist ein Vergleich der ersten beiden Modelle – also des Random–Intercept Modells mit Variablen ausschließlich auf der niedrigeren Ebene mit dem Varianzkomponenten-Modell – mit Hilfe eines Likelihood-Ratio Tests (LR-

5.2 Random-Intercept Modell mit Effekten auf niedrigerer Ebene

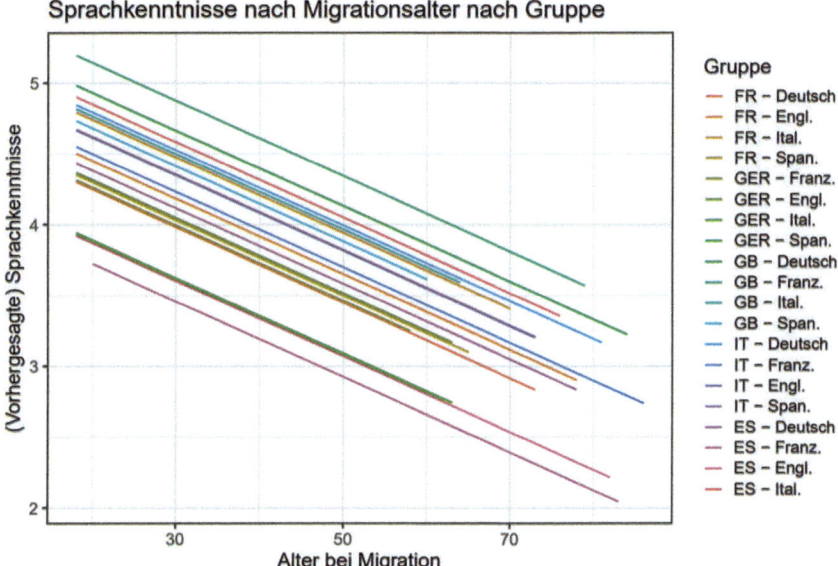

Abb. 5.1 Regressionsgeraden aus einem Random-Intercept Modell. (Eigene Darstellung)

Test). Damit soll festgestellt werden, ob die gemeinsame Einbeziehung von migage und fr_cor zu einer Verbesserung des Modellfits führt im Vergleich zum Varianzkomponenten-Modell, das ja keine unabhängigen Variablen enthält.

```
anova(leer, ri_ind)

## Data: h
## Models:
## leer: langnow ~ 1 + (1| Gruppe)
## ri_ind: langnow ~ migage + fr_cor + (1 | Gruppe)
##          npar   AIC    BIC    logLik   deviance  Chisq   Df   Pr (>Chisq)
## leer      3    12708  12727  -6350.8   12702
## ri_ind    5    11854  11886  -5921.9   11844    857.88   2    < 2.2e-16***
## ---
## Signif. codes:  0 '***' 0.001 '**' 0.01 '*' 0.05 '.' 0.1 ' ' 1
```

Der Unterschied zwischen beiden Modellen, d. h. dem Random-Intercept- und dem Varianzkomponenten-Modell ohne erklärende Variablen, ist hoch signifikant, d. h. die beiden Variablen auf niedrigerer Ebene führen zu einer Verbesserung der

Modellanpassung. Dies ist auch an AIC und BIC zu sehen; beide sind für das Modell, das die beiden Variablen auf der niedrigeren Ebene enthält, deutlich kleiner als für das Varianzkomponenten-Modell, das keine erklärende Variable enthält (AIC: 11854 versus 12708; BIC: 11886 versus 12727). Die Prüfung erfolgt durch den Vergleich der Varianzen der beiden Modelle (LR-Test). Die Varianzen sind hierbei χ^2-verteilt und damit folgt deren Differenz ebenfalls einer χ^2-Verteilung mit df = Betrag der Differenz der Anzahl der Parameter. Es soll nochmals darauf hingewiesen werden, dass das Modell ri_ind das allgemeinere Modell ist. Hier werden zwei Parameter (nämlich die Regressionskoeffizienten für die beiden unabhängigen Variablen) frei geschätzt, während sie im leeren Modell implizit auf null gesetzt werden.

Darüber hinaus gibt uns der Vergleich zwischen beiden Modellen Aufschluss darüber, wie viel von der Varianz auf Migrantengruppen- und Migrantinnengruppen-Ebene und Migranten- und Migrantinnen-Ebene durch beide unabhängigen Variablen erklärt werden kann. Wir berechnen im Folgenden die Varianzen auf beiden Ebenen separat.

```
Erklärte Varianz auf Gruppenebene =
1 - (Varianz auf Gruppenebene im Modell ri_ind /
    Varianz auf Gruppenebene im leeren Modell)
= 1 - ,114/, 228 = ,5.
```

Die Werte für die Varianzen auf der Gruppenebene werden in den beiden Modellen jeweils aus den „Random effects" der „Gruppe (Intercept)" abgelesen.

Das bedeutet, dass die Einbeziehung der beiden Variablen der niedrigeren Ebene die Hälfte der Varianz auf der Ebene der Migranten- und Migrantinnengruppen erklärt. Dies ist ein Kompositionseffekt. Die Migranten- und Migrantinnengruppen unterscheiden sich hinsichtlich der Zusammensetzung ihrer einzelnen Migranten und Migrantinnen in Bezug auf diese beiden Variablen der niedrigeren Ebene enorm. Kontrolliert man für diese Unterschiedlichkeit (bzw. hält man die Zusammensetzung der Migranten- und Migrantinnengruppen hinsichtlich dieser beiden Variablen konstant), wären die Unterschiede zwischen den Migranten- und Migrantinnengruppen hinsichtlich der abhängigen Variablen, der Sprachkenntnisse, deutlich geringer.

Die Berechnung der erklärten Varianz auf der niedrigeren Ebene folgt dem gleichen Prinzip.

```
Erklärte Varianz auf Individualebene =
1 - (Varianz auf Individualebene im Modell ri_ind /
    Varianz auf Individualebene im leeren Modell)
= 1 - ,668/,796 = ,161.
```

Auf der höheren Ebene, der der Migranten- und Migrantinnengruppen, wird viel mehr erklärt als auf der niedrigeren Ebene, der der Migranten und Migrantinnen (50 % versus 16,1 %). Dies ist für Mehrebenenmodelle nicht untypisch.

Man kann hier noch einen Likelihood-Ratio Test durchführen, um zu überprüfen, ob sich ein Mehrebenenmodell statistisch von der einfachen Regression unterscheidet. Dies ist eindeutig der Fall, das Ergebnis ist hochsignifikant. Wir überlassen dem Leser dies nachzuvollziehen, und zwar unter Benutzung des um den Mehrebenenteil reduzierten Kommandos. Der Test wird dann analog zum Vergleich des leeren mit dem Random-Intercept Modell durchgeführt. Es gibt also einen Unterschied zwischen der gewöhnlichen und der Mehrebenenregression, der wegen der Nestung der gewöhnlichen Regression in der Mehrebenenregression nur so interpretiert werden kann, dass die Mehrebenenregression angemessener ist. Die Mehrebenenregression beinhaltet mit dem Random-Intercept nämlich einen zusätzlichen Term. Dies konnte man aber auch schon auf der Grundlage des Varianzkomponenten-Modells vermuten, da mehr als 20 % der Varianz auf der höheren Ebene lagen.

Nun möchten wir wissen, ob die Einbeziehung der linguistischen Distanz (`Lingdist`), einer Variablen der höheren Ebene der Migranten- und Migrantinnengruppen, ebenfalls zur Erklärung der Sprachkenntnisse beiträgt. Bevor wir dies tun, besprechen wir jedoch die verschiedenen Möglichkeiten, Informationen auf Makroebene in den Datensatz zu integrieren.

5.3 Hinzufügen von Informationen für höhere Einheiten

Merkmale von höheren Einheiten (Aggregaten) kann man in analytische, strukturelle und globale Merkmale unterteilen. Analytische Merkmale von Aggregaten kann man aus den absoluten Merkmalen ihrer zugehörigen Elemente berechnen, z. B. das Durchschnittseinkommen oder die Konzentration des Einkommens. Strukturelle Merkmale werden aus relationalen Merkmalen ihrer Mitglieder bestimmt, z. B. Dichte eines Netzwerks operationalisiert als tatsächliche Beziehungen im Vergleich zu theoretisch möglichen Beziehungen. Globale Merkmale können demgegenüber nicht auf die Merkmale der einzelnen Mitglieder reduziert werden, z. B. das Wohlfahrtsregime oder die politische Verfassung.

Wenn möglich sollten analytische und strukturelle Eigenschaften aus externen Quellen bezogen werden, z. B. amtlichen Statistiken. Eine Berechnung durch Aggregation aus den Daten der niedrigeren Ebene kann problematisch sein. Im Falle der Arbeitslosenquote gilt dies zum Beispiel, wenn die Arbeitslosen in einer Umfrage deutlich unterrepräsentiert sind.

Wie bekommen wir Informationen für höhere Einheiten in unseren Datensatz? Für die linguistische Distanz ist dies sehr einfach. Hier reicht eine einfache Recodierung auf der Grundlage der Migranten- und Migrantinnengruppen als Gruppierungsvariablen. Diese Variable wird für alle Migranten- und Migrantinnengruppen nach Großbritannien und für alle Migranten- und Migrantinnengruppen, die aus romanisch-sprachigen Ländern (Frankreich, Italien und Spanien) stammen und in diese migrierten, auf 0 gesetzt. Für alle anderen Gruppen (darunter alle Migranten und Migrantinnen nach Deutschland) wird sie auf 1 gesetzt. Hierbei wird die Variable `Lingdist` kreiert. Die Darstellung der Änderungen sind im elektronischen Zusatzmaterial ebenso wie der zugehörige Datensatz zu finden.

Für die linguistische Distanz ergibt sich folgende Verteilung:

0	1
2345	2490

Das bedeutet, dass Migranten- und Migrantinnengruppen mit insgesamt 2490 Migranten und Migrantinnen eine linguistische Distanz zugeschrieben wird; für die übrigen Gruppen mit 2345 Migranten und Migrantinnen ist das demgegenüber nicht der Fall.

Für Variablen, die durch Aggregation aus Daten der niedrigeren Ebene abgeleitet werden, wird zunächst eine neue Datei mit Daten auf der Makroebene erstellt. Dabei können etwa Mittelwerte berechnet werden, aber auch andere Kennzahlen wie Standardabweichungen. Mit folgendem Kommando wird eine solche Datei erzeugt, die später nicht mehr benötigt wird:

```
temp <- h %>% group_by(Gruppe) %>%
  summarise(x = mean(migage, na.rm = T))
```

Mit dieser Befehlsfolge wird der Datensatz `h` in einem ersten Schritt nach der Variablen `Gruppe` zusammengefasst. In einem Folgeschritt wird dann der Mittelwert der Variablen `migage` für jede der einzelnen Ausprägungen von `Gruppe` einzeln bestimmt.

Die entsprechende Spalte enthält die Werte der Variablen migage auf der niedrigeren Ebene. `na.rm=T` bedeutet, dass die fehlenden Werte von der Bildung der Mittelwerte ausgeschlossen werden sollen. Allerdings hat der aktuelle Datensatz ohnehin keine fehlenden Werte mehr auf diesen Variablen, da die entsprechenden Fälle ja entfernt worden sind. Mit dem folgenden Kommando werden die Gruppierungsvariable sowie der neugebildete Mittelwert benannt:

5.3 Hinzufügen von Informationen für höhere Einheiten

```
names (temp) <- c("Gruppe","G.migage")
```

Schließlich kann man sich das Ergebnis der Operation z. B. für die ersten Fälle der Datei ansehen:

```
head(temp)
```

Gruppe	G.migage
12	39,87
13	45,52
14	32,83
15	30,34
21	27,71
23	30,81

In diese Datei können natürlich auch weitere Informationen eingegeben werden, die etwa aus externen Quellen stammen.

Diese Datei wird dann mit den Daten auf der niedrigeren Ebene zusammengeführt:

```
hlevel <- merge(h, temp, by=c("Gruppe"), all.x = T)
```

h ist hierbei die Datei auf der niedrigeren Ebene, temp die nur temporär benötigte Datei mit den Daten auf der höheren Ebene. Beide werden dann durch die in beiden Datensätzen vorhandene Gruppierungsvariable „Gruppe" zusammengeführt. all.x = T bedeutet hier, dass die Variablennamen (und Variablen) des ersten Datensatzes beibehalten werden. Alternativ bietet *dplyr* auch die Möglichkeit, die Daten durch left_join zusammenzuspielen. Den gleichen Datensatz erhielte man auch über:

```
hlevel2 <- h %>% left_join(temp)
```

Es sei noch explizit darauf hingewiesen, dass die linguistische Distanz – ebenfalls eine Variable auf der Gruppenebene – gleich in dem Individualdatensatz gebildet worden ist. Sie braucht also in diesem Schritt nicht mehr hinzugefügt zu werden. Da wir die anderen beiden Gruppenvariablen zunächst nicht benötigen, können wir mit dem – um die Variable Lingdist erweiterten – Individualdatensatz weiterarbeiten. Erst später, wenn wir den Aspekt der Zentrierung der unabhängigen Variablen behandeln, werden wir auf den neuen Datensatz, den wir als hlevel bezeichnet haben, zurückgreifen.

5.4 Random-Intercept Modell mit Variablen auf der niedrigeren und der höheren Ebene

Unseren groben Indikator für die linguistische Distanz (`Lingdist`) haben wir im vorigen Abschnitt mit einer einfachen Recodierung aus der Gruppierungsvariable erstellt. Damit kann nun ein Random-Intercept Modell mit Variablen auf niedrigerer und höherer Ebene geschätzt werden.

Random-Intercept Modell mit Effekten auf niedrigerer und höherer Ebene

```
ri_ind_gr <- lmer(langnow ~ migage + fr_cor + Lingdist +
                  (1| Gruppe),
                  data = h,
                  REML = FALSE)
summary(ri_ind_gr)

## Linear mixed model fit by maximum likelihood . t-tests use Satterthwaite's
##   method [lmerModLmerTest]
## Formula: langnow ~ migage + fr_cor + Lingdist + (1 | Gruppe)
##    Data: h
##
##      AIC        BIC     logLik   deviance   df.resid
##    11839.5    11878.4   -5913.7   11827.5      4829
##
## Scaled residuals:
##     Min      1Q    Median     3Q       Max
##  -4.7319  -0.5906  0.1364  0.6659   2.8340
##
## Random effects:
##   Groups     Name          Variance    Std.Dev.
##   Gruppe    (Intercept)    0.04914     0.2217
##   Residuals                0.66779     0.8172
## Number of obs: 4835,     groups:     Gruppe, 20
##
## Fixed effects:
##                Estimate   Std. Error       df     t value   Pr(>|t|)
## (Intercept)    4.533e+00  9.007e-02   4.806e+01    50.330    <2e-16  ***
## migage        -2.409e-02  1.062e-03   4.536e+03   -22.784    <2e-16  ***
## fr_cor         3.847e-01  2.187e-02   4.829e+03    17.587    <2e-16  ***
## Lingdist       5.109e-01  1.020e-01   2.006e+01    -5.007   6.7e-05  ***
## ---
```

5.4 Random-Intercept Modell mit Variablen auf der niedrigeren und der ... 47

```
## Signif. codes:  0 '***' 0.001 '**' 0.01 '*' 0.05 '.' 0.1 ' ' 1
## 
## Correlation of Fixed Effects:
##         (Intr)  migage  fr_cor
## migage  -0.444
## fr_cor  -0.458  0.136
## Lingdist -0.563 -0.035  0.026
```

Der Effekt der linguistischen Distanz ist negativ (−0,511), d. h. bei größerer linguistischer Distanz sind die Sprachkenntnisse schlechter. Um zu testen, ob neben den Variablen auf der niedrigeren Ebene auch die Variable auf der höheren Ebene `Lingdist` signifikant zur Erklärung beiträgt, führen wir einen weiteren LR-Test durch. Nun ist das Modell mit der zusätzlichen Variablen `Lingdist` auf Migrantengruppen- und Migrantinnengruppen-Ebene das allgemeinere Modell, da das andere Modell den Effekt dieser Variablen automatisch auf 0 setzt.

```
anova(ri_ind_gr, ri_ind)
```

```
## Data: h
## Models:
## ri_ind: langnow ~ migage + fr_cor + (1 | Gruppe)
## ri_ind_gr: langnow ~ migage + fr_cor + Lingdist + (1 | Gruppe)
##            npar   AIC   BIC  logLik  deviance  Chisq  Df  Pr(>Chisq)
## ri_ind       5  11854 11886 -5921.9    11844
## ri_ind_gr    6  11840 11878 -5913.7    11828  16.282   1  < 5.457e-05***
## ---
## Signif. codes:  0 '***' 0.001 '**' 0.01 '*' 0.05 '.' 0.1 ' ' 1
```

Wir kommen zu dem Schluss, dass die linguistische Distanz zur Erklärung beiträgt. Der Unterschied zwischen beiden Modellen ist signifikant. AIC und BIC sind in dem Modell, das auch die linguistische Distanz als Variable auf der höheren Ebene einschließt, kleiner als in dem Modell, das nur Variablen auf der niedrigeren Ebene beinhaltet (z. B. AIC: 11840 versus 11854).

Was die Bestimmung der erklärten Varianz auf der Ebene der Migranten- und Migrantinnengruppen betrifft, so haben wir nun zwei Möglichkeiten: einen Vergleich mit dem Modell, das nur Variablen auf der niedrigeren Ebene beinhaltet, und das leere Modell. Welchen Vergleich wir machen, hängt davon ab, wofür wir uns interessieren: die zusätzliche Varianz, die durch die Variable auf der Ebene der Migranten- und Migrantinnengruppen erklärt wird, oder die Varianz, die durch die im Modell enthaltenen Variablen auf Migranten- und Migrantinnen-Ebene und Migranten- und Migrantinnengruppen-Ebene insgesamt erklärt wird. Im ersten

Fall nehmen wir das Modell, das nur Variablen auf der niedrigeren Ebene enthält, als Basis, im zweiten Fall das leere Modell. Dann gehen wir so vor, wie beim Vergleich der ersten beiden Modelle.

Wir müssen uns nicht ansehen, ob das Modell mit Lingdist zusätzliche Varianz auf der niedrigeren Ebene erklärt – die Varianzkomponente ist unverändert bei ‚668 genau wie bei dem Modell, in dem nur die Variablen der niedrigeren Ebene enthalten sind. Dies ist kein Zufall. Der Grund dafür ist, dass eine Variable auf der höheren Ebene keine Varianz auf der niedrigeren Ebene erklären kann. Es gibt keine Variation für die untergeordneten Einheiten einer höheren Einheit in Bezug auf diese Variable. In unserem Beispiel kann die linguistische Distanz als Variable auf Gruppenebene Unterschiede in der (durchschnittlichen) Sprachkompetenz zwischen Migranten- und Migrantinnengruppen erklären. Da die linguistische Distanz jedoch für alle einzelnen Migranten und Migrantinnen einer Migranten- und Migrantinnengruppe gleich ist, kann sie natürlich keine Unterschiede innerhalb der Migranten- und Migrantinnengruppen erklären.

5.5 Random-Slope Modelle

Bislang haben wir nur Random-Intercept Modelle betrachtet. In diesen Modellen durfte das Intercept der abhängigen Variablen (die Regressionskonstante) zwischen den höheren Einheiten variieren, nicht aber die Steigungen. Das heißt, die Steigungen waren so beschränkt, dass sie für alle Gruppen gleich sein mussten. Random-Slope Modelle (oder auch: Random-Coefficient Modelle) ermöglichen nun auch Variationen der Steigungen. Sie erlauben damit die Modellierung von Heteroskedastizität (Bell und Jones 2015). Die Regressionskonstante darf demgegenüber bei Mehrebenenmodellen immer zwischen den höheren Einheiten variieren.

Ein grafisches Beispiel bietet Abb. 5.2, bei der dem vorherigen Random-Intercept Modell, das ausschließlich migage als Variable beinhaltet, „erlaubt" wurde, in den einzelnen Einheiten der höheren Ebene unterschiedliche Steigungen anzunehmen. Die Beziehung zwischen Alter bei der Migration und den Sprachkenntnissen ist in den einzelnen Migranten- und Migrantinnengruppen unterschiedlich.

Für die im weiteren Verlauf verwendeten Random-Slope Modelle sind geringfügige Änderungen in der Syntax erforderlich: Die erklärenden Variablen, die in den höheren Einheiten variieren können, werden innerhalb des Random Teils (der in Klammern steht) aufgeführt. Dabei werden standardmäßig alle Varianzen und Kovarianzen der Zufallseffekte separat geschätzt. Die Random-Intercepts und Random-Slopes können also miteinander korrelieren.

5.5 Random-Slope Modelle

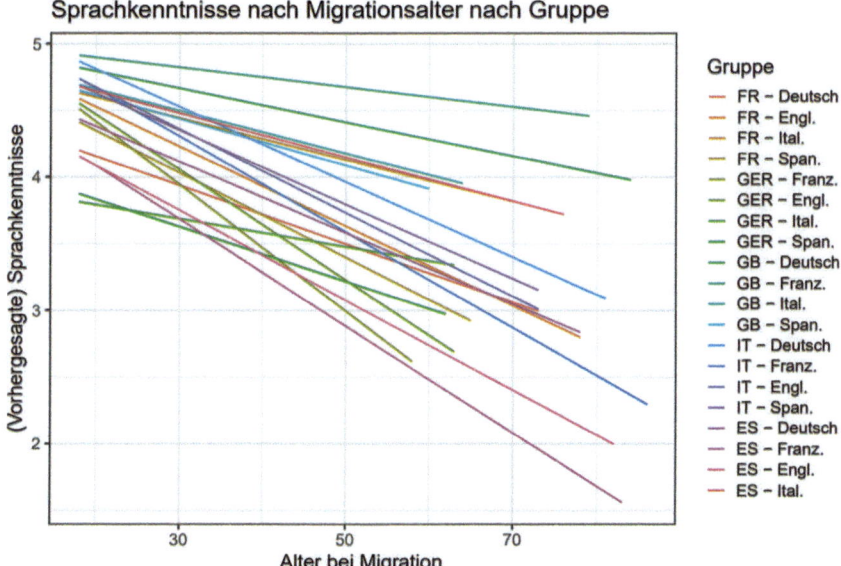

Abb. 5.2 Regressionsgeraden aus einem Random-Slope Modell. (Eigene Darstellung)

Bei Mehrebenenmodellen, insbesondere bei Random-Slope Modellen, wird oft eine Zentrierung der erklärenden Variablen empfohlen. Im Moment arbeiten wir jedoch weiterhin mit Rohwerten der erklärenden Variablen und verschieben die Diskussion darüber, warum eine Zentrierung sinnvoll sein könnte, auf später.

Das folgende Modell setzt die Steigung für die Variable fr_cor frei, damit sie zwischen den Migranten- und Migrantinnengruppen variieren kann:

Random-Slope Modell mit Effekten auf niedrigerer und höherer Ebene
```
rs_ind_gr<-lmer(langnow ~ 1 + migage + fr_cor + Lingdist +
                (1 + fr_cor| Gruppe),
                data = h,
                REML=FALSE)
summary(rs_ind_gr)

## Linear mixed model fit by maximum likelihood . t-tests use Satterthwaite's
##   method [lmerModLmerTest]
## Formula: langnow ~ 1 + migage + fr_cor + Lingdist + (1 + fr_cor | Gruppe)
```

```
##     Data: h
##
##      AIC         BIC      logLik    deviance    df.resid
##   11806.2     11858.1     -5895.1    11790.2        4827
##
## Scaled residuals:
##     Min        1Q      Median         3Q         Max
##  -4.7090   -0.6097      0.1572     0.6665      2.8710
##
## Random effects:
##   Groups     Name        Variance    Std.Dev.   Corr
##   Gruppe     (Intercept) 0.21057     0.4589
##              fr_cor      0.02761     0.1662     -0.93
##   Residuals              0.65967     0.8122
## Number of obs: 4835,      groups:   Gruppe, 20
##
## Fixed effects:
##                Estimate  Std. Error         df    t value    Pr(>|t|)
## (Intercept)     4.47296     0.12470   36.69355     35.869    <2e-16  ***
## migage         -0.02385     0.00106 4501.04936    -22.502    <2e-16  ***
## fr_cor          0.36586     0.04337   20.25147      8.436  4.61e-08  ***
## Lingdist       -0.31560     0.08886   19.92443     -3.552   0.00201  **
## ---
## Signif. codes:  0 '***' 0.001 '**' 0.01 '*' 0.05 '.' 0.1 ' ' 1
##
## Correlation of Fixed Effects:
##             (Intr)    migage    fr_cor
## migage      -0.325
## fr_cor      -0.823     0.070
## Lingdist    -0.343    -0.026    -0.003
```

Wir erhalten nun drei zufällige Effekte auf der Ebene der Migranten- und Migrantinnengruppe: die Varianz der Regressionskonstanten (wie zuvor) und der Steigung sowie die Korrelation zwischen der Regressionskonstanten und der Steigung. Die beiden letzten Effekte stehen im Block Random effects in der Zeile für fr_cor – die Varianz der Steigung in der mit Variance und die Korrelation in der mit Corr benannten Spalte. Inhaltlich bedeutet die stark negative Korrelation (− 0,93), dass Migranten und Migrantinnen, die ein hohes Niveau an Sprachkenntnissen haben, weniger stark von Freunden aus dem Aufenthaltsland profitieren als Migranten, die nur ein geringes Niveau haben.

Wir vergleichen dieses Modell mit einem entsprechenden Random-Intercept Modell, d. h. dem Modell, das genau die gleichen erklärenden Variablen enthält, aber bei dem der Effekt der Variable fr_cor nicht frei zwischen den Migranten- und Migrantinnengruppen variieren darf, sondern als für alle Migranten- und Migrantinnengruppen identisch angenommen wird. Damit wollen wir testen, ob der von uns aufgenommene Random-Slope tatsächlich benötigt wird (d. h. ob er die Modellanpassung verbessert).

```
anova(rs_ind_gr, ri_ind_gr)

## Data: h
## Models:
## ri_ind_gr: langnow ~ migage + fr_cor + Lingdist + (1 | Gruppe)
## rs_ind_gr: langnow ~ 1 + migage + fr_cor + Lingdist + (1 + fr_cor | Gruppe)
##           npar   AIC    BIC   logLik  deviance  Chisq  Df  Pr ( > Chisq)
## ri_ind_gr    6  11840  11878  -5913.7    11828
## rs_ind_gr    8  11806  11858  -5895.1    11790  37.272   2    < 8.064e-09 ***
## ---
## Signif. codes:  0 '***' 0.001 '**' 0.01 '*' 0.05 '.' 0.1 ' ' 1
```

Das ist eindeutig der Fall. Die Wirkung von Freunden aus dem CoR ist also je nach Migranten- und Migrantinnengruppe unterschiedlich.

5.6 Random-Slope Modell mit zusätzlicher Cross-Level Interaktion

Nun gehen wir zu einer möglichen Erklärung der Unterschiede in den Regressionsgeraden für die Freundschaftsvariable fr_cor zwischen Migranten- und Migrantinnengruppen über. Die Hypothese ist, dass die Bedeutung von Freunden aus dem Zielland von der linguistischen Distanz abhängt: Je höher die linguistische Distanz, desto wichtiger könnten Freunde aus dem CoR sein, um Migranten und Migrantinnen zu helfen, die Sprache des CoR zu beherrschen. Dies muss getestet werden, indem eine ebenenübergreifende Interaktion zwischen fr_cor und Lingdist in die Gleichung einbezogen wird. Der Haupteffekt der linguistischen Distanz der Migranten- und Migrantinnengruppen hilft lediglich, die unterschiedlichen Niveaus der Sprachkenntnisse in den verschiedenen Migranten- und Migrantinnengruppen zu erklären. Unterschiede in den Steigungen der Freundschaftsvariablen bei der Regression der Sprachkenntnisse können jedoch nicht erklärt werden, da die linguistische Distanz als Haupteffekt die gleichen Auswirkungen auf alle Migranten und Migrantinnen derselben Migranten- und Migrantinnengruppe hat.

Wir konstruieren zunächst eine Cross-Level Interaktion, indem wir die Variablen auf den beiden Ebenen miteinander multiplizieren:

```
h$LingdistXfr_cor <- h$Lingdist*h$fr_cor
```

Dann schätzen wir ein Random-Slope Modell mit Cross-Level Interaktion.

Random-Slope Modell mit zusätzlicher Cross-Level Interaktion
```
rs_ind_gr_clint <- lmer(langnow ~ migage + fr_cor + Lingdist +
        LingdistXfr_cor +
        (1 + fr_cor | Gruppe),
        data = h,
        REML = FALSE)
```

Alternativ besteht die Möglichkeit, die Interaktion direkt in dem Modell festzulegen, ohne zuvor eine zusätzliche Variable zu erzeugen. Dies erreicht man dadurch, dass man innerhalb der Modellbeschreibung in R die Interaktion mit „:" festlegt. In unserem Fall also `Lingdist:fr_cor`. Der Code sähe dann wie folgt aus:

```
rs_ind_gr_clint <- lmer(langnow ~ migage + fr_cor + Lingdist +
        Lingdist:fr_cor +
        (1 + fr_cor | Gruppe),
        data = h,
        REML = FALSE)
summary(rs_ind_gr_clint)

## Linear mixed model fit by maximum likelihood . t-tests use Satterthwaite's
##   method [lmerModLmerTest]
## Formula: langnow ~ migage + fr_cor + Lingdist + Lingdist:fr_cor + (1 + fr_cor
    | Gruppe)
##    Data: h
##
##
##      AIC      BIC   logLik deviance df.resid
##   11796.2  11854.6  -5889.1  11778.2     4826
##
## Scaled residuals:
##     Min      1Q  Median      3Q     Max
##  -4.6999 -0.6106  0.1571  0.6669  2.8836
##
```

5.6 Random-Slope Modell mit zusätzlicher Cross-Level Interaktion

```
## Random effects:
##  Groups     Name         Variance  Std.Dev.  Corr
##  Gruppe     (Intercept)  0.11886   0.3448
##             fr_cor       0.01107   0.1052   -0.87
##  Residuals               0.65965   0.8122
## Number of obs: 4835,    groups:    Gruppe, 20
##
## Fixed effects:
##                   Estimate   Std. Error   df         t value   Pr(>|t|)
## (Intercept)       4.776e+00  1.291e-01    2.560e+01  36.980    <2e-16   ***
## migage           -2.379e+02  1.059e-03    4.493e+03 -22.476    <2e-16   ***
## fr_cor            2.346e+01  4.664e-02    2.230e+01   5.030   4.72e-05  ***
## Lingdist          9.197e+01  1.718e-01    2.010e+01  -5.354   3.02e-05  ***
## fr_cor;Lingdist   2.601e+01  6.448e-02    2.045e+01   4.033   0.000628  ***
## ---
## Signif. codes:  0 '***' 0.001 '**' 0.01 '*' 0.05 '.' 0.1 ' ' 1
##
## Correlation of Fixed Effects:
##             (Intr)   migage   fr_cor   Lngdst
## migage      -0.300
## fr_cor      -0.836    0.048
## Lingdist    -0.674   -0.034   -0.616
## fr_cr:Lngds  0.587    0.023   -0.720   -0.857
```

Die Cross-Level Interaktion von 0,26 bedeutet inhaltlich, dass sich viele Freunde insbesondere dann günstig auf die Sprachkenntnisse auswirken, wenn die linguistische Distanz groß ist.

Als Nächstes vergleichen wir dieses Modell mit einem Random-Slope Modell, das diese Cross- Level Interaktion nicht enthält (das also spezifischer ist!).

```
anova(rs_ind_gr, rs_ind_gr_clint)
```

```
## Data: h
## Models:
## rs_ind_gr: langnow ~ 1 + migage + fr_cor + Lingdist + (1 + fr_cor | Gruppe)
## rs_ind_gr_clint: langnow ~ migage + fr_cor + Lingdist + Lingdist:fr_cor +
##     (1 + fr_cor | Gruppe)
##                  npar   AIC     BIC    logLik   deviance  Chisq   Df  Pr(>Chisq)
## rs_ind_gr         8    11806   11858  -5895.1   11790
## rs_ind_gr         9    11796   11855  -5889.1   11778    11.962   1   0.000543 ***
## ---
## Signif. codes:  0 '***' 0.001 '**' 0.01 '*' 0.05 '.' 0.1 ' ' 1
```

Wir sehen, dass die ebenenübergreifende Interaktion zu einer Verbesserung führt. Was uns aber auch interessiert, ist zu sehen, ob die ebenenübergreifende Interaktion in der Lage ist, die gesamte Varianz der Steigung zu erklären, sodass wir ebenso gut auf ein Random- Intercept Modell zurückgreifen können. Dies ist nicht nur wünschenswert, weil Random- Intercept Modelle einfacher sind, sondern weil ein (signifikanter) Random-Slope bedeutet, dass wir noch keine vollständige Erklärung für die Unterschiede zwischen den Steigungen der Regressionsgeraden in den verschiedenen Migranten- und Migrantinnengruppen gefunden haben. Daher schätzen wir ein weiteres Random-Intercept Modell, das die gleichen Variablen wie das Random-Slope Modell enthält, einschließlich der ebenenübergreifenden Interaktion, und vergleichen beide Modelle.

Random-Intercept Modell mit zusätzlicher Cross-Level Interaktion

```
ri_ind_gr_clint <-lmer(langnow ~ migage + fr_cor + Lingdist +
        Lingdist:fr_cor +
        (1 | Gruppe),
        data = h,
        REML=FALSE)
summary(ri_ind_gr_clint)

## Linear mixed model fit by maximum likelihood . t-tests use Satterthwaite's
##   method [lmerModLmerTest]
## Formula: langnow ~ migage + fr_cor + Lingdist + Lingdist:fr_cor + (1
##    | Gruppe)
##    Data: h
##
##      AIC       BIC    logLik  deviance  df.resid
##  11805.2   11850.5   -5895.6   11791.2      4828
##
## Scaled residuals:
##     Min      1Q   Median      3Q     Max
## -4.7019 -0.6006   0.1515  0.6631  2.8938
## Random effects:
##  Groups   Name        Variance  Std.Dev.
##  Gruppe   (Intercept) 0.04562   0.2136
##  Residual             0.66297   0.8142
## Number of obs: 4835,    groups:    Gruppe, 20
##
```

5.6 Random-Slope Modell mit zusätzlicher Cross-Level Interaktion

```
## Fixed effects:
##                  Estimate   Std. Error    df        t value    Pr(>|t|)
## (Intercept)      4.765e+00  9.597e-02     7.088e+01 49.649     <2e-16   ***
## migage          -2.388e-02  1.058e-03     4.497e+03 -22.56ß    <2e-16   ***
## fr_cor           2.416e-01  3.222e-02     4.833e+02  7.498     7.67e-14 ***
## Lingdist        -9.317e-01  1.207e-01     4.489e+01 -7.722     8.91e-10 ***
## fr_cor:Lingdist  2.621e+01  4.340e-02     4.830e+03  6.039     1.66e-09 ***
## ---
## Signif. codes:  0 '***' 0.001 '**' 0.01 '*' 0.05 '.' 0.1 ' ' 1
##
## Correlation of Fixed Effects:
##              (Intr)  migage  fr_cor  Lngdst
## migage       -0.402
## fr_cor       -0.585   0.067
## Lingdist     -0.648  -0.049   0.440
## fr_cr:Lngds   0.400   0.034  -0.737  -0.578
```

Der Likelihood-Ratio-Test liefert wiederum ein signifikantes Ergebnis.

anova(rs_ind_gr_clint, ri_ind_gr_clint)

```
## Data: h
## Models:
## ri_ind_gr_clint: langnow ~ migage + fr_cor + Lingdist + Lingdist:fr_cor + (1
##      | Gruppe)
## rs_ind_gr_clint: langnow ~ migage + fr_cor + Lingdist + Lingdist:fr_cor + (1 +
##      fr_cor | Gruppe)
##                 npar   AIC    BIC    logLik   deviance  Chisq   Df  Pr (>Chisq)
## ri_ind_gr_clint    7  11805  11850  -5895.6   11791
## rs_ind_gr_clint    9  11796  11855  -5889.1   11778     12.936   2  0.001552 **
## ---
## Signif. codes:  0 '***' 0.001 '**' 0.01 '*' 0.05 '.' 0.1 ' ' 1
```

Beide Modelle unterscheiden sich also. Hier ist das Random-Slope Modell das allgemeinere Modell, da das Random-Intercept Modell vorgibt, dass die Steigungen in den einzelnen Migranten- und Migrantinnengruppen gleich sind, und das ist ein ganz besonderer Fall. Dieses Ergebnis bedeutet also, dass der Rückgriff auf ein Random-Intercept Modell der Situation nicht völlig angemessen ist. Die Unterschiede in der Bedeutung von CoR-Freunden zwischen den verschiedenen Migranten- und Migrantinnengruppen sind zum Teil auf die linguistische Distanz zwischen den Herkunfts- und Aufenthaltsländern zurückzuführen. Aber das ist nicht die ganze Geschichte. Dennoch ist es in der Praxis nicht ungewöhnlich, auf das Random- Intercept Modell (mit Cross-Level Interaktion!) zurückzugehen. Dies gilt umso mehr, wenn die Forschungshypothesen eine ebenenübergreifende Interaktion postuliert haben, aber nicht explizit einen Random-Slope (obwohl eine signifikante ebenenübergreifende Interaktion eine signifikante Varianz für die Steigung impliziert). Allerdings gibt es in der neueren Literatur Empfehlungen, aus statistischen Gründen grundsätzlich mit Random-Slope Modellen zu arbeiten, d. h. selbst dann, wenn ein Likelihood-Ratio Test kein signifikantes Ergebnis liefert. Wir werden darauf in Abschn. 8.2 zurückkommen. Aus inhaltlichen Gründen halten wir hier aber die Beibehaltung des Random-Slopes für nicht erforderlich.

5.7 Zusammenfassender Modell-Vergleich

Mit Hilfe des Pakets texreg (Leifeld 2013) können die Ergebnisse für die einzelnen Modelle wie folgt zusammengefasst werden:

```
texreg(list(leer, ri_ind, ri_ind_gr, rs_ind_gr, rs_ind_gr_clint,
    ri_ind_gr_clint),
    single.row = F,
    stars = numeric(0),
    caption = "Vergleich der Modelle",
    custom.note = "Model 1 = Leermodell,
Model 2 = Random-Intercept Modell mit Variablen auf niedrigerer Ebene,
Model 3 = Random-Intercept Modell mit Variablen auf beiden Ebenen,
Model 4 = Random-Slope Modell mit Variablen auf beiden Ebenen,
Model 5 = Random-Slope Modell mit Variablen auf beiden Ebenen und
  Cross-Level Interaktion,
Model 6 = Random-Intercept Modell mit Variablen auf beiden Ebenen und
  Cross-Level Interaktion")
```

Der Modellvergleich, der hier dargestellt wird, beinhaltet einige Parameter, die zur Beurteilung der jeweiligen Modelle geeignet sind (Tab. 5.1). Einmal kann die Güte der jeweiligen Modelle anhand des Akaike- sowie des Bayes'schen Informationskriteriums (AIC und BIC) vorgenommen werden. Gegeben, dass die Modelle die gleiche Anzahl von Beobachtungen (auf beiden Ebenen) haben und es sich um genestete Modelle handelt, ist bei einer ausschließlichen Verwendung dieser beiden Kriterien das Modell zu bevorzugen, das den niedrigsten Wert aufweist. Im vorliegenden Fall wäre dies bei Wahl des AIC als Kriterium das Random-Slope Model mit Variablen auf beiden Ebenen und Cross-Level Interaktion (Modell 5), bei Wahl des BIC demgegenüber das Random-Intercept Model mit Variablen auf

5.7 Zusammenfassender Modell-Vergleich

Tab. 5.1 Vergleich der Modelle (eigene Berechnung)

	Model 1	Model 2	Model 3	Model 4	Model 5	Model 6
(Intercept)	4,05	4,28	4,53	4,47	4,78	4,76
	(0,11)	(0,09)	(0,09)	(0,12)	(0,13)	(0,10)
migage		−0,02	−0,02	−0,02	−0,02	−0,02
		(0,00)	(0,00)	(0,00)	(0,00)	(0,00)
fr_cor		0,38	0,38	0,37	0,23	0,24
		(0,02)	(0,02)	(0,04)	(0,05)	(0,03)
Lingdist			−0,51	−0,32	−0,92	−0,93
			(0,10)	(0,09)	(0,17)	(0,12)
fr_cor:Lingdist					0,26	0,26
					(0,06)	(0,04)
AIC	12.707,62	11.853,74	11.839,46	11.806,19	11.796,23	11.805,16
BIC	12.727,07	11.886,16	11.878,36	11.858,06	11.854,58	11.850,55
Log Likelihood	−6350,81	−5921,87	−5913,73	−5895,09	−5889,11	−5895,58
Num. obs.	4835	4835	4835	4835	4835	4835
Num. Groups: Gruppe	20	20	20	20	20	20
Var: Gruppe (Intercept)	0,23	0,11	0,05	0,21	0,12	0,05
Var: Residual	0,80	0,67	0,67	0,66	0,66	0,66
Var: Gruppe fr_cor				0,03	0,01	
Cov: Gruppe (Intercept) fr_cor				−0,07	−0,03	

Model 1 = Leermodell,
Model 2 = Random-Intercept Modell mit Variablen auf niedrigerer Ebene,
Model 3 = Random-Intercept Modell mit Variablen auf beiden Ebenen,
Model 4 = Random-Slope Modell mit Variablen auf beiden Ebenen,
Model 5 = Random-Slope Modell mit Variablen auf beiden Ebenen und Cross-Level Interaktion,
Model 6 = Random-Intercept Modell mit Variablen auf beiden Ebenen und Cross-Level Interaktion

beiden Ebenen und Cross-Level Interaktion (Modell 6). Da das BIC die Sparsamkeit eine Modelles stärker gewichtet als das AIC, kann man in diesem Fall schließen: Modell 5 ist zwar den Daten am besten angepasst, aber nur um den Preis einer geringeren Sparsamkeit. Dies gibt den Forschern und Forscherinnen einen zusätzlichen Spielraum bei der Entscheidung für das beste Modell.

Anhand von Var:Gruppe(Intercept) die in dem vorliegenden Fall die Varianz des Random Intercepts beschreibt, kann zudem noch abgelesen werden, wie viel durch das Hinzufügen von weiteren Variablen an Varianz (auf höherer Ebene) höchstens noch erklärt werden kann.

5.8 Empfehlungen beim Vergleich von Mehrebenenmodellen

Zunächst wird ein Varianzkomponenten-Modell geschätzt, um zu sehen, ob eine Mehrebenenanalyse überhaupt notwendig ist und es auf der höheren Ebene Varianz gibt, die möglicherweise durch die unabhängigen Variablen erklärt werden kann. Ein Beispiel hierfür befindet sich in Abschn. 5.1.

Dann werden die Variablen auf der niedrigeren Ebene hinzugefügt und getestet, ob sie die Varianz auf der höheren Ebene reduzieren. Dies sollte normalerweise (!) der Fall sein, wenn die Verteilung der erklärenden Variablen in den höheren Einheiten unterschiedlich ist. Dann sind nämlich Kompositionseffekte zu erwarten, d. h. die Unterschiede in den Mittelwerten der abhängigen Variablen in den einzelnen Gruppen gehen auf eine unterschiedliche Zusammensetzung dieser Gruppen hinsichtlich einer oder mehrerer unabhängiger Variablen zurück. Abschn. 5.2 beschreibt das Vorgehen und die Umsetzung genauer. Allerdings kann sich die erklärte Varianz auf der höheren Ebene auch verringern! Dies kann auf der niedrigeren Ebene nicht geschehen. Bei einer einfachen Regression kann allenfalls das adjustierte R^2 (für das es bei der Mehrebenenregression kein Äquivalent gibt) sinken, wenn Variablen ohne oder mit nur sehr geringer Erklärungskraft einbezogen werden.

Weiterhin wird getestet – wie bei einer gewöhnlichen Regressionsanalyse –, ob Variablen auf der niedrigeren Ebene die Varianz auf der niedrigeren Ebene reduzieren. In Abschn. 5.2 erfolgt auch eine Beschreibung des dazu notwendigen Vorgehens.

Dann werden Variablen auf der höheren Ebene hinzugefügt und getestet, ob diese Variablen Varianz zwischen höheren Einheiten in Bezug auf das Niveau der abhängigen Variablen (d. h. die Regressionskonstante) erklären können. In Abschn. 5.4 wird dies ausgeführt.

Nun wird getestet, ob Regressionskoeffizienten für die unabhängigen Variablen signifikante Varianzkomponenten aufweisen, d. h. ob es Unterschiede in den Steigungen zwischen den höheren Einheiten gibt. Dabei sollten auch Variablen berücksichtigt werden, die keinen signifikanten Effekt haben, da dies auf Steigungen mit entgegengesetztem Vorzeichen in den verschiedenen höheren Einheiten zurückzuführen sein könnte. Dazu müssen Random-Slopes zugelassen werden. Normalerweise sollte man sich dabei aber auf Variablen beschränken, für die verschiedene Steigungen innerhalb der höheren Einheiten angenommen werden! Das genaue Vorgehen kann in Abschn. 5.5 nachvollzogen werden.

Weiterhin werden Interaktionen zwischen Variablen auf der höheren und der niedrigeren Ebene hinzugefügt (Cross-Level Interaktionen) und getestet, ob die

Variation der Steigungen reduziert wird. Schließlich wird getestet, ob man zu einem Random-Intercept Modell zurückkehren kann, wenn die Cross-Level Interaktion in der Gleichung behalten wird. Das Vorgehen wird exemplarisch in Abschn. 5.6 beschrieben.

Alles sollte sich an der Theorie orientieren! Da man erklärende Variablen, die nicht aus theoretischen Gründen oder als statistische Kontrolle benötigt werden, auch nicht in eine gewöhnliche Regressionsgleichung aufnehmen würde, sollte man in der Regel z. B. auch keine Random-Slopes für erklärende Variablen berücksichtigen, von denen man erwartet, dass sie in verschiedenen höheren Einheiten gleichermaßen wirken. In Abschn. 8.2 werden Empfehlungen zur grundsätzlichen Einbeziehung von Random-Slopes thematisiert.

Wir können in unserer knappen Einführung in die Mehrebenenanalyse natürlich nicht alle Aspekte behandeln. Zu Fragen der Diagnostik im Rahmen der Mehrebenenanalyse soll daher auf Schmidt-Catran, Fairbrother & Andreß (2019) und die dort angegebene Literatur verwiesen werden.

5.9 Was tun bei Problemen?

Wir wollen hier noch einige mögliche Probleme ansprechen und Wege zu ihrer Lösung: Konvergenzprobleme, Overfit und mögliche Datenfehler.

Konvergenzprobleme: Ein Problem, das auftreten kann, ist die mangelnde Konvergenz der Mehrebenenmodelle. Dies kann man an Warnmeldungen wie „Model failed to converge" oder „Model is nearly unidentifiable" sehen. Mangelnde Konvergenz kann verschiedene Gründe haben: ein schlechtes Modell, die Struktur der Daten (insbesondere bei kleinen Stichproben) oder zu viele (kleine) Zufallskomponenten. Ein Mangel an Konvergenz kann daher darauf hindeuten, dass das Model nicht akkurat interpretierbar ist.

Es ist sinnvoll, ein Modell ausgehend von der nicht konvergierenden Lösung zu vereinfachen. Kleine Zufallskomponenten könnten gestrichen werden. Außerdem könnte gegebenenfalls die Anzahl der Iterationen erhöht werden. Dies kann durch Hinzufügung des Argumentes, `control = lmerControl(optCtrl = list(maxfun = x))` im lme4 Paket erfolgen, wobei x durch einen Wert ersetzt werden muss, der größer ist als die Voreinstellung.

Weiterhin kann getestet werden, ob die Komplexität (bspw. durch die Anzahl der Variablen) in dem Modell reduziert werden kann. Notfalls könnte noch überprüft werden, ob sich mit einem anderen Programm zufriedenstellendere Ergebnisse erzielen lassen.

Overfit: Das gleiche Vorgehen empfiehlt sich auch, wenn das Modell überangepasst (overfitted) ist. In diesem Fall besitzt das Modell bei gegebenem Datensatz zu viele Parameter und ist zu spezifisch. Das Modell ist daher schlecht darin, generalisierte Aussagen auf neuen bzw. unbekannten Daten zu machen. Bei der Verwendung von R wird bei der Modellschätzung gewöhnlich schon gewarnt, falls ein Modell offensichtlich overfitted ist. Ohne eine solche Warnmeldung ist das Erkennen eines überspezifizierten Modells ein iterativer Prozess. Der erste Anhaltspunkt, der mittels der hier vermittelten Kenntnisse betrachtet werden sollte, ist der Modellvergleich. Dieser sollte anhand der hier vorgestellten Gütekriterien vorgenommen werden. Findet sich bei genesteten Modellen ein weniger komplexes Modell, dessen AIC/BIC niedriger ist als bei einem komplexeren Modell, so ist dieses weniger komplexe Modell vorzuziehen. Eine weitere Möglichkeit, ein überspezifiziertes Modell zu identifizieren, ist die Testung an Daten, die bei der initialen Modellschätzung nicht verwendet wurden. In der Regel liefert ein überspezifiziertes Modell bei diesen Daten vergleichsweise schlechte Ergebnisse.

Datenfehler: Erklären Variablen höherer Ebene Variation (innerhalb einer Gruppe) auf niedrigeren Ebenen, liegt ein Fehler in den Daten vor. Dies kann nämlich nur dann funktionieren, wenn sie auf diesen Ebenen auch Varianz aufweisen. Das können Variablen einer höheren Ebene aber nicht. Man kann sich dies wie folgt verdeutlichen: Während die abhängige Variable immer auf der niedrigsten Ebene verortet ist, können sich die unabhängigen Variablen auf allen Ebenen befinden. Varianz erklären können Variablen aber nur auf der Ebene, auf der sie verortet sind, und auf allen höheren Ebenen. Auf welcher Ebene eine Variable verortet ist, lässt sich anhand der Betrachtung der Verteilung der Variablen geordnet nach der höheren Ebene erkennen. Zeigt sich bei der Betrachtung der Einheiten der höheren Ebene einzeln keine Unterschiedlichkeit der Variablen der niedrigeren Ebene, so sind diese faktisch Variablen der höheren Ebene. Alle Elemente niedrigerer Ebene eines Elements höherer Ebene haben also den gleichen Wert für eine Variable. Lässt sich für mindestens ein Element der höheren Ebene mehr als ein Wert dieser Variablen auf den dazugehörigen Elementen niedrigerer Ebene finden, so ist diese Variable eine Variable niedrigerer Ebene.

5.10 Zentrierung unabhängiger Variablen

Es gibt verschiedene Gründe, warum eine Transformation der unabhängigen Variablen, wie z. B. eine Zentrierung, sinnvoll sein kann. Zentrierung von Variablen bedeutet, dass eine Konstante von allen Werten einer bestimmten Variablen abgezogen wird. Gewöhnlich wird durch die Subtraktion des Mittelwertes einer Variab-

5.10 Zentrierung unabhängiger Variablen

len der neue Mittelwert auf 0 gesetzt. Die Regressionskoeffizienten bleiben davon unberührt, allerdings erlaubt dies bspw. eine sinnvollere Interpretation des Intercepts. Sowohl bei einer einfachen als auch bei einer Mehrebenenregression entspricht das Intercept dem Wert für Befragte mit Nullen bei allen unabhängigen Variablen. Eine Null auf einer unabhängigen Variablen macht oftmals inhaltlich nicht viel Sinn (für das Alter wäre es ein gerade geborenes Kind).

Grundsätzlich lässt sich eine Zentrierung nur auf metrische Daten anwenden, jedoch wird dies vereinfachend auch für ordinale Daten angewendet, solange die Anzahl der Kategorien ausreichend groß ist.

Darüber hinaus wird die Interpretation von Interaktionseffekten erleichtert, wenn interagierende Variablen als Abweichungen von ihren Mittelwerten ausgedrückt werden (zentrierte Variablen). Interaktion und Haupteffekte müssen gemeinsam interpretiert werden. Die Bedeutung der Haupteffekte ändert sich, wenn Interaktionseffekte einbezogen werden. Der Haupteffekt einer Variablen in einer Interaktion ist eine Schätzung für den Fall, dass die interagierende Variable den Wert 0 hat; und wenn 0 kein sinnvoller Wert der Variablen ist, hat der Koeffizient keine substanzielle Interpretation.

So kann es sinnvoll sein, bewusst auszuwählen, was 0 bedeuten soll, z. B. durch Zentrieren (oder Standardisieren) beider erklärenden Variablen. Beim Zentrieren werden von allen Werten die Mittelwerte abgezogen, beim Standardisieren wird zusätzlich noch durch die Standardabweichung der entsprechenden Variablen geteilt. 0 bezieht sich nach dem Zentrieren dann auf den Mittelwert der Variablen. Der Regressionskoeffizient einer der interagierenden Variablen ist dann der Koeffizient für Befragte, die auf dem Mittelwert der anderen Variablen liegen. Für dichotome Variablen (0/1 kodiert) macht eine Zentrierung keinen Sinn. Bei diesen bezieht sich z. B. die Regressionskonstante auf die 0-Kategorie, die eine klare inhaltliche Interpretation hat.

Es gibt verschiedene Möglichkeiten, unabhängige Variablen zu zentrieren. Alle haben spezifische Vor- und Nachteile:

- Keine Zentrierung, d. h. die X_{ij} werden in ihrer natürlichen Metrik verwendet.
- Grand Mean Zentrierung, d. h. der Mittelwert über alle Fälle wird von den einzelnen Werten subtrahiert.
- Zentrierung an einem theoretisch ausgewählten Punkt von X, d. h. ein konstanter Wert wird von allen Einzelwerten abgezogen.
- Zentrierung um die Gruppenmittelwerte (group mean centering), d. h. die jeweiligen Gruppenmittelwerte werden von den Einzelwerten der Mitglieder einer höheren Einheit abgezogen. Deren Werte können dann in Bezug auf den Gruppenmittelwert interpretiert werden und sind nicht mit dem Gruppenmittelwert korreliert.

Keine der oben aufgelisteten Zentrierungen (oder der Verzicht auf jedwede Zentrierung und somit die Beibehaltung der Rohwerte) ist falsch. Allerdings führen verschiedene Vorgehensweisen auch zu unterschiedlichen Ergebnissen (Bell et al. 2018). Bei einer Verwendung der Rohwerte resultiert ein gewichteter Durchschnitt aus einem Within- und Between-Effekt. Der erste betrifft die niedrigere, der zweite die höhere Ebene. Ein Within-Effekt bezieht sich also auf die Auswirkung der Abweichungen der einzelnen Werte der unteren Ebene vom Gruppenmittel, ein Between-Effekt auf die Auswirkung der Abweichungen der Gruppenmittel von dem Durchschnitt der Gruppenmittel. Beide Effekte können wertemäßig weitgehend miteinander übereinstimmen, aber im Extremfall auch unterschiedliche Vorzeichen haben. Im Falle unserer Migranten- und Migrantinnengruppen und dem Alter bei der Migration würde etwa der Within-Effekt darüber Auskunft geben, ob die Sprachkenntnisse für Migranten und Migrantinnen höher oder geringer sind, wenn ihr Alter bei der Migration höher oder geringer als das Durchschnittsalter bei der Migration für die Migranten und Migrantinnen der jeweiligen Gruppe ist. Der Between-Effekt würde demgegenüber Auskunft darüber geben, ob Migranten- und Migrantinnengruppen mit einem höheren Durchschnittsalter bei der Migration höhere oder geringere Sprachkenntnisse haben als Migranten- und Migrantinnengruppen mit einem geringeren Durchschnittsalter bei der Migration. Solange beide Effekte im Großen und Ganzen gleich sind, ist der Unterschied zwischen den beiden Vorgehensweisen (Verwendung der Rohwerte bzw. zentrierter Werte) gering. Haben beide Effekte aber sogar ein unterschiedliches Vorzeichen, ist der Gesamteffekt nicht nur schwer zu interpretieren, sondern praktisch sinnlos.

Zur Unterscheidung zwischen einer Zentrierung am Grand Mean und einer Zentrierung um die Gruppenmittelwerte siehe besonders Enders & Tofighi (2007). Sie weisen darauf hin, dass letztlich die Forschungsfrage darüber entscheidet, welche Art der Zentrierung angemessen ist. So ist eine Zentrierung um die Gruppenmittelwerte besonders dann hilfreich, wenn der Einfluss von Variablen auf der niedrigeren Ebene im Mittelpunkt steht oder wenn Cross-Level Interaktionen analysiert werden sollen. Eine Zentrierung am Grand Mean ist demgegenüber vorzuziehen, wenn der Einfluss von Variablen auf der höheren Ebene unter Kontrolle von Variablen auf der niedrigeren Ebene bestimmt werden soll.

Im Folgenden schätzen wir eine Reihe von Random-Intercept Modellen, wobei das Alter bei der Migration (`migage`) als unabhängige Variable verwendet wird. Das erste Modell verwendet die Rohwerte, das zweite eine Zentrierung am Alter von 18 Jahren (das jüngste Alter bei der Migration, das die Befragten haben konn-

5.10 Zentrierung unabhängiger Variablen

ten), das dritte eine Zentrierung am Grand Mean (also dem Mittelwert über alle Fälle) und das vierte eine Zentrierung an den jeweiligen Gruppenmitteln. Bei diesem Modell sind die Gruppenmittel selbst nicht enthalten. Das folgende fünfte Modell beinhaltet zusammen mit der gruppenmittelzentrierten Individualvariablen zusätzlich die Gruppenmittelwerte als Variable der höheren Ebene, wodurch diese Gruppenmittel wieder hinzugefügt werden, die zuvor durch die Zentrierung der Individualvariable an den Gruppenmitteln herausgerechnet wurden. Wie die jeweiligen Modelle in R gebildet werden, ist im elektronischen Zusatzmaterial dargestellt.

Bildung der zentrierten Variablen

```
h <- hlevel %>%
# Zentrierung am Alter von 18 Jahren
dplyr::mutate(migage_18jahre = migage - 18) %>%
# Grand-mean Zentrierung
dplyr::mutate(migage_grandmean = migage - mean(migage)) %>%
# Group-mean Zentrierung
group_by(group) %>%
dplyr::mutate(migage_groupm = mean(migage)) %>% ungroup() %>%
dplyr::mutate(migage_groupmean = migage - migage_groupm)
```

Vergleich der Ergebnisse der Zentrierungen

```
h %>% dplyr::select(migage, migage_18jahre,
       migage_grandmean, migage_groupmean)
```

migage	migage_18jahre	migage_grandmean	migage_groupmean
60	42	25,06	20,13
49	31	14,06	9,13
51	33	16,06	11,13
37	19	2,06	−2,87
57	39	22,06	17,13
27	9	−7,94	−12,87

In der ersten Zeile sieht man, dass eine Person, die im Alter von 60 Jahren migriert ist, bei einer Zentrierung am Alter von 18 Jahren den Wert 42 zugewiesen bekommt, bei einer Zentrierung am Grand Mean den Wert von 25, usw.

Tab. 5.2 Verschiedene Zentrierungen im Vergleich bei Random-Intercept Modellen (eigene Berechnung)

	Model 1	Model 2	Model 3	Model 4	Model 5
(Intercept)	4,98	4,50	4,05	4,05	5,50
	(0,10)	(0,09)	(0,09)	(0,11)	(0,43)
migage	−0,03				
	(0,00)				
migage_18jahre		−0,03			
		(0,00)			
migage_grandmean			−0,03		
			(0,00)		
migage_groupmean				−0,03	−0,03
				(0,00)	(0,00)
migage_groupm					−0,04
					(0,01)
AIC	12.163,45	12.163,45	12.163,45	12.171,47	12.170,88
BIC	12.189,38	12.189,38	12.189,38	12.197,40	12.203,30
Log Likelihood	−6077,72	−6077,72	−6077,72	−6081,73	−6080,44
Num. obs.	4835	4835	4835	4835	4835
Num. Groups: Gruppe	20	20	20	20	20
Var: Gruppe (Intercept)	0,16	0,16	0,16	0,24	0,15
Var: Residual	0,71	0,71	0,71	0,71	0,71

Model 1 = Unzentrierter Prädiktor,
Model 2 = Zentrierung am Migrationsalter 18,
Model 3 = Grand-mean zentrierter Prediktor,
Model 4 = Group-mean zentrierter Prediktor,
Model 5 = Group-mean zentrierter Prediktor und Gruppenmittel

Wir können folgendes feststellen (Tab. 5.2): Die Konstante ist wie zu erwarten weitgehend unterschiedlich. Nur die Zentrierung um den Grand Mean (Model 3) und die Gruppenmittel (Model 4) geben hier vergleichbare Ergebnisse. Der Koeffizient der erklärenden Variablen Alter bei der Migration und die Fehlervarianz auf der niedrigeren Ebene sind unabhängig von der Zentrierung immer nahezu identisch. Dies war auch zu erwarten, weil sich an der eigentlichen Variation der Daten und deren Verhältnis zueinander nichts geändert hat. Die Fehlervarianz auf der höheren Ebene ist bei ausschließlicher Zentrierung um die Gruppenmittel (ohne die Gruppenmittel wieder hinzuzufügen, Modell 4) höher als bei den anderen Varianten, die sich in unserem Beispiel nicht voneinander unterscheiden. Wenn nach Zentrierung um die Gruppenmittel die Gruppenmittelwerte wieder als Variable auf der höheren Ebene hinzugefügt werden (Modell 5), könnte theoretisch die Fehlervarianz aber sogar noch geringer sein als bei den Modellen 1–3. Dies liegt daran, dass nur

5.10 Zentrierung unabhängiger Variablen

bei einer Zentrierung an den Gruppenmitteln der Effekt des Alters bei der Migration sauber in zwei Teile zerlegt wird, wobei einer eindeutig auf der niedrigeren Ebene verortet ist (die Abweichungen der einzelnen Migranten und Migrantinnen von ihrem jeweiligen Gruppenmittel) und der andere Teil eindeutig der höheren Ebene angehört (die Abweichungen der jeweiligen Gruppenmittel von dem Mittelwert dieser Gruppenmittel). Bei den (nicht erklärten) Varianzen kann man dies erkennen (die letzten beiden Zeilen der Tabelle): Diese liegen bei Zentrierung der Variablen Alter bei Migration auf der höheren Ebene etwas höher als bei den anderen Modellen. Auf der niedrigeren Ebene gibt es dagegen keine Unterschiede. Des Weiteren zeigt sich, dass der Wert des BICs und gerade des AICs über alle Modelle hinweg annähernd konstant ist. Eine klare Entscheidung für oder gegen eines der hier dargestellten Modelle lässt sich demnach nicht anhand dieser Kriterien treffen.

Die besondere Position des Modells, bei dem zunächst um die Gruppenmittel zentriert wurde und letztere dann separat aufgenommen wurden, ist nicht überraschend. Sie berücksichtigen die in den Daten enthaltene Information vollständig (Bell et al. 2018). Ohne die Aufnahme der Gruppenmittel wird durch die Zentrierung an den Gruppenmitteln ein Fixed-Effects Modell (wie es häufig bei der Analyse von Paneldaten verwendet wird) beschrieben (siehe hierzu noch Kap. 7 über Longitudinaldaten). Dabei hat dann die entsprechende unabhängige Variable keine Varianz mehr auf der Gruppenebene – und kann damit prinzipiell den Teil der Varianz der abhängigen Variable, der auf der Gruppenebene verortet ist, nicht erklären. Von daher ist die erklärte Varianz in der Regel auch geringer als bei Verwendung der Rohwerte – und erst recht bei einer zusätzlichen Aufnahme der Gruppenmittel. Dies wäre nur dann nicht der Fall, wenn kein Between-Effekt existieren würde.

Kreuzklassifizierte (cross-classified) Daten 6

Bisher haben wir unsere Daten als hierarchisch strukturiert betrachtet, d. h. es wurde davon ausgegangen, dass individuelle Migranten und Migrantinnen in verschiedenen Migranten- und Migrantinnengruppen genestet sind, die als Kombinationen von Herkunfts- und Aufenthaltsland konzipiert wurden. Diese Daten erlauben aber auch eine andere Perspektive. In unserem Beispiel gehören einzelne Migranten und Migrantinnen gleichzeitig zu einem Herkunftsland und zu einem Aufenthaltsland. Bei diesen sogenannten kreuzklassifizierten Daten sind die niedrigeren Einheiten (Migranten und Migrantinnen) in jeweils zwei verschiedenen Einheiten auf einer höheren Ebene genestet. Zwischen diesen beiden Einheiten der höheren Ebene besteht aber keine hierarchische Beziehung; die beiden Einheiten sind auf der gleichen höheren Ebene verortet.

Für solche kreuzklassifizierten Daten lassen sich eine Menge weitere Beispiele finden: Ein Beispiel wären Absolventen und Absolventinnen unterschiedlicher Universitäten, die sich teilweise in den gleichen, teilweise in anderen Unternehmen wiederfinden. Oder man untersucht den Besuch von Grund- und weiterführenden Schulen. In der Regel rekrutieren sich die Schülerinnen und Schüler von weiterführenden Schulen aus verschiedenen Grundschulen. Ebenso gehen in den meisten Fällen nicht alle Schülerinnen und Schüler aus einer gegebenen Grundschule auf die gleiche weiterführende Schule. Vielmehr verteilen sich diese Schülerinnen und Schüler auf unterschiedliche weiterführende Schulen. Für den Fall, dass alle Schülerinnen und Schüler einer gegebenen Grundschule an nur eine weiterführende Schule wechseln, lässt sich eine hierarchische Beziehung etablieren. Dann sind nämlich die Schülerinnen und Schüler in einer Grundschule genestet und die Grundschulen jeweils in nur einer weiterführenden Schule. Aus wie vielen unterschiedlichen Grundschulen die Schülerinnen und Schüler einer weiterführenden

Schule rekrutiert werden, spielt dabei keine Rolle. Wenn es so wäre, dass zusätzlich auch jede weiterführende Schule nur Schülerinnen und Schüler einer einzigen Grundschule hätte, würden die Ebenen der Grundschulen und weiterführenden Schulen zusammenfallen. Es würde dann ein 2-Ebenen-Modell resultieren. Kreuzklassifizierte Modelle können also mehr oder weniger weit von hierarchischen Modellen entfernt sein, je nachdem wie unterschiedlich die „Zieleinheiten" sind, in die Mitglieder der „Ursprungseinheiten" geschickt werden, bzw. aus wie vielen „Ursprungseinheiten" eine „Zieleinheit" ihre Mitglieder rekrutiert.

Während wir nun in unserem Beispiel bei einer hierarchischen Perspektive 20 Migranten- und Migrantinnengruppen und damit eine ausreichende Anzahl von höheren Einheiten hatten, haben wir bei einer Betrachtung der Daten als kreuzklassifiziert in unserem Beispiel jeweils nur fünf Länder auf Seiten der Herkunftsländer und Aufenthaltsländer. Diese Perspektive ermöglicht aber eine Separierung von Effekten, die auf das Herkunftsland einerseits und das Aufenthaltsland andererseits zurückgeführt werden können. Aufgrund dieser geringen Fallzahlen ist das Folgende nur als Illustration zu verstehen.

Von der formal-mathematischen Darstellung her ist ein kreuzklassifiziertes Modell keine Variante des Basismodells der hierarchischen Mehrebenenanalyse, da ja hier beide Klassifikationsvariablen auf der gleichen höheren Ebene verortet sind. Vielmehr ließe sich ein entsprechendes Varianzkomponenten-Modell wie folgt schreiben:

$$Y_{ij} = \beta_0 + u^{(3)}_{0j,ID} + u^{(2)}_{0j,ID} + e_{ij}$$

β_0 ist dabei der grand mean, $u^{(3)}_{0j,ID}$ der Random Effect für das Aufenthaltsland mit der Identifikationsnummer ID, $u^{(2)}_{0j,ID}$ der Random Effect für das Herkunftsland mit der Identifikationsnummer ID und e_{ij} das Residuum auf der niedrigeren Ebene.

Ein einfaches Varianzkomponenten-Modell für kreuzklassifizierte Daten wird in R wie folgt ausgedrückt:

```
Name des Modells <- lmer(abhängige Variable ~ 1 +
         (1 | Name der ersten Klassifikationsvariablen) +
         (1 | Name der zweiten Klassifikationsvariablen),
         data = verwendete Datei,
         REML=FALSE)
```

6 Kreuzklassifizierte (cross-classified) Daten

Hier sieht man klar, dass Herkunfts- und Aufenthaltsländer nicht in einer Hierarchie angeordnet sind. Sie sind vielmehr beide auf der gleichen – und zwar auf einer höheren – Ebene verortet.

Mehrebenenmodell für kreuzklassifizierte Daten (Varianzkomponenten-Modell)

```
cross0 <- lmer(langnow ~ 1 + (1|intcntry) +
    (1 | cntry),
    data = h,
    REML=FALSE)

summary(cross0)

## Linear mixed model fit by maximum likelihood . t-tests use Satterthwaite's
##   method [lmerModLmerTest]
## Formula: langnow ~ 1 + (1 | intcntry) + (1 | cntry)
##    Data: h
##
##      AIC      BIC   logLik deviance df.resid
##  13005.1  13031.1  -6498.6  12997.1     4831
##
## Scaled residuals:
##     Min      1Q  Median      3Q     Max
## -4.1474 -0.6618  0.1819  0.7791  1.8596
##
## Random effects:
##  Groups   Name        Variance Std.Dev.
##  intcntry (Intercept) 0.15261  0.3907
##  cntry    (Intercept) 0.03798  0.1949
##  Residuals            0.85368  0.9239
## Number of obs: 4835,   groups:   intcntry, 5; cntry, 5
##
## Fixed effects:
##             Estimate Std. Error      df t value Pr(>|t|)
## (Intercept)   4.0518     0.1957  7.0516    20.7 1.41e-07 ***
## ---
## Signif. codes:  0 '***' 0.001 '**' 0.01 '*' 0.05 '.' 0.1 ' ' 1
```

Unter „Random effects" werden drei Varianzkomponenten angegeben: die Varianz auf der Ebene der Aufenthaltsländer (hier: intcntry), die Varianz auf der Ebene der Herkunftsländer (hier: cntry) und die Varianz auf der niedrigeren Ebene

(Residual). Diese drei Varianzkomponenten bilden zusammen wiederum die Gesamtvarianz. Hieraus lassen sich dann wie gewohnt wieder die Anteile an der Gesamtvarianz berechnen, die auf der Ebene der Herkunfts- bzw. Aufenthaltsländer verortet sind. Wohlgemerkt: Es handelt sich hierbei nicht um hierarchisch angeordnete Ebenen, da die Herkunfts- bzw. Aufenthaltsländer ja nicht in einer Beziehung der Über- bzw. Unterordnung zueinander stehen. Wiederum handelt es sich auch hier um (noch) nicht erklärte Varianzen.

Die Intra-Klassen Korrelation für die Aufenthaltsländer beträgt 0,146 und diejenige für die Herkunftsländer 0,036, mit anderen Worten tragen die Aufenthaltsländer knapp 15 % und die Herkunftsländer knapp 4 % zur Gesamtvarianz bei. Die verbleibenden knapp 82 % ist die Varianz auf der Migranten- und Migrantinnen-Ebene.

Offensichtlich hängt der größte Teil der Varianz auf der höheren Ebene mit dem Aufenthaltsland der Migranten und Migrantinnen zusammen und nicht mit ihrem Herkunftsland. Dies könnte man theoretisch mit unterschiedlichen gesellschaftlichen Bedingungen in den Aufenthaltsländern erklären, wie z. B. einer Diskriminierung von Migranten und Migrantinnen. Im vorliegenden Beispiel ist allerdings eine Erklärung durch die differenzielle Selektion der Migranten und Migrantinnen in die einzelnen Aufenthaltsländer einleuchtender. Nehmen wir als Beispiel die Gruppen der Britinnen und Briten und Deutschen, die nach Spanien migriert sind und sich im Durchschnitt durch geringe Sprachkenntnisse in Spanisch auszeichnen. Verständlich wird dies, wenn man bedenkt, dass diese Migranten und Migrantinnen überwiegend im fortgeschrittenen Alter (kurz vor oder nach dem normalen Renteneintrittsalter) mit meistens nur geringen Sprachkenntnissen nach Spanien gekommen sind, um Wärme und Meer zu genießen. Viele von ihnen sind zudem noch in Orte gegangen, in denen sie sich problemlos in ihrer eigenen Muttersprache verständigen können. Einen Anreiz zum Erlernen des Spanischen besteht in einer solchen Situation kaum. Demgegenüber stehen etwa die Migranten und Migrantinnen, die nach Großbritannien migriert sind und sich im Durchschnitt durch i. d. R. sehr gute Sprachkenntnisse in Englisch auszeichnen. Diese Migranten und Migrantinnen sind überwiegend als junge Erwachsene mit bereits beachtlichen Sprachkenntnissen nach Großbritannien gekommen, um dort – in der Regel in hoch qualifizierten Tätigkeiten – zu arbeiten. Eine Beschränkung auf die eigene Muttersprache wäre in diesem Falle so gut wie unmöglich.

Wir fügen nun unabhängige Variablen auf der niedrigeren Ebene ein, und zwar – wie zuvor bei den hierarchischen Mehrebenenmodellen – das Alter bei der Migration sowie die Freunde aus dem Aufenthaltsland. Als Variablen auf der niedrigeren

Ebene können sie hier potenziell sowohl die Varianzen, die mit dem Aufenthalts- und Herkunftsland verbunden sind, als auch die Residualvarianz auf der niedrigeren Ebene der Migranten und Migrantinnen erklären.

Mehrebenenmodell für kreuzklassifizierte Daten (Random-Intercept Modell)

```
cross1 <- lmer(langnow ~ 1 + migage + fr_cor +
        (1|intcntry) + (1 | cntry),
        data = h,
        REML=FALSE)

summary(cross1)
## Linear mixed model fit by maximum likelihood . t-tests use Satterthwaite's
##   method [lmerModLmerTest]
## Formula: langnow ~ 1 + migage + fr_cor + (1 | intcntry) + (1 | cntry)
##    Data: h
## 
##      AIC      BIC   logLik deviance df.resid
##  12018.7  12057.6  -6003.4  12006.7     4829
## 
## Scaled residuals:
##     Min      1Q  Median      3Q     Max
## -4.4010 -0.5869  0.1211  0.6757  2.8662
## 
## Random effects:
##  Groups   Name        Variance Std.Dev.
##  intcntry (Intercept) 0.07861  0.2804
##  cntry    (Intercept) 0.01139  0.1067
##  Residuals            0.69645  0.8345
## Number of obs: 4835,    groups:     intcntry, 5; cntry, 5
## 
## Fixed effects:
##                Estimate Std. Error        df  t value  Pr(>|t|)
## (Intercept)   4.211e+00  1.453e-01  8.479e+00    28.98  8.85e-10 ***
## migage       -2.490e-02  1.075e-03  4.735e+03   -23.16  <2e-16 ***
## fr_cor        4.447e-01  2.176e-02  4.810e+03    20.44  <2e-16 ***
## ---
## Signif. codes:  0 '***' 0.001 '**' 0.01 '*' 0.05 '.' 0.1 ' ' 1
## 
## Correlation of Fixed Effects:
##         (Intr)  migage
## migage  -0.291
## fr_cor  -0.274   0.136
```

Bei der Einführung der beiden Variablen der niedrigeren Ebene, Alter bei der Migration und Anzahl der Freunde aus dem Aufenthaltsland, kann die erklärte Varianz in Bezug auf die drei Komponenten wie gewohnt berechnet werden, indem die entsprechenden Varianzkomponenten aus dem Random-Intercept Modell und dem Varianzkomponenten-Modell miteinander verglichen werden. Das Random-Intercept Modell enthält die nach Einbeziehung der beiden erklärenden Variablen noch verbleibende unerklärte Varianz; das Varianzkomponenten-Modell die unerklärte Varianz vor der Einbeziehung erklärender Variablen. Es ergibt sich: Fast die Hälfte der mit dem Aufenthaltsland verbundenen Varianz lässt sich durch diese beiden Variablen erklären (0,0786 im Random-Intercept Modell im Vergleich zu 0,1526 im Varianzkomponenten-Modell) und mehr als zwei Drittel der mit dem Herkunftsland verbundenen Varianz (0,0114 versus 0,0380). Von der Residualvarianz kann demgegenüber nur weniger als ein Fünftel aufgeklärt werden (0,6965 versus 0,8537).

Die beiden Variablen wirken weiterhin wie beim hierarchischen Mehrebenenmodell: Ein höheres Alter bei der Migration führt zu schlechteren und Freunde aus dem Aufenthaltsland zu besseren Sprachkenntnissen.

Theoretisch könnte man die Analysen hier weiter fortsetzen. Zunächst ließen sich Variablen auf der höheren Ebene einbeziehen, also Variablen, die entweder die Aufenthalts- oder Herkunftsländer weiter charakterisieren. Dies wäre aber bei nur jeweils fünf Aufenthalts- und Herkunftsländern nicht besonders sinnvoll. Das gleiche gilt für die Aufnahme von Random-Slopes für die Aufenthalts- und/oder Herkunftsländer, obwohl dies rein technisch machbar wäre.

Ein Vergleich der Ergebnisse der kreuzklassifizierten Modelle mit einem entsprechenden hierarchischen Modell, hier also dem Varianzkomponenten-Modell oder dem Random- Intercept Modell mit lediglich den beiden Variablen der niedrigeren Ebene, zeigt eine große Ähnlichkeit, aber keine Identität zwischen beiden. Die grundlegende Struktur der Daten ist in beiden Bezugsrahmen interpretierbar. Unterschiede bestehen im Wesentlichen darin, dass das kreuzklassifizierte Modell die Aufenthalts- und Herkunftsländer additiv nebeneinanderstellt. Das hierarchische Modell berücksichtigt darüber hinaus auch die Interaktion zwischen Aufenthalts- und Herkunftsländern. An einem Beispiel illustriert, wird die Migranten- und Migrantinnengruppe der Italiener und Italienerinnen, die nach Deutschland migriert sind, im kreuzklassifizierten Modell durch eine Aufsummierung der beiden Random-Effects für das jeweilige Aufenthalts- (Deutschland) und Herkunftsland (Italien) repräsentiert. Entsprechend wird mit den Italienern und Italienerinnen verfahren, die in die anderen drei Länder gegangen sind. Dabei muss dann die Annahme gemacht werden, dass sich die Italiener und Italienerinnen, die in die unterschiedlichen Aufenthaltsländer migriert sind, bei der Wanderung im

Wesentlichen nicht voneinander unterscheiden – zumindest nicht über das Ausmaß hinaus, das über die Fixed Effects auf der niedrigeren Ebene kontrolliert werden kann. Zu einem späteren Zeitpunkt kann sich natürlich durchaus eine Unterschiedlichkeit der einzelnen italienischen Migranten- und Migrantinnengruppen entwickeln. Diese Unterschiedlichkeit könnte man dann aber über den Einfluss (z. B. Sozialisation) ihrer Aufenthaltsländer erklären. Eine solche Annahme muss aber nicht realistisch sein. Die Gruppe der nach Deutschland ausgewanderten Italiener und Italienerinnen könnte auch hoch selektiv sein und sich zusätzlich auch im deutschen Kontext im Laufe der Zeit ganz anders entwickelt haben als die italienischen Migranten und Migrantinnen in die anderen Länder. Aus diesem Grunde kann – in diesem Fall – bei einer hierarchischen Interpretation der Datenstruktur auch mehr erklärt werden als durch die als Kreuzklassifikation. Allerdings ermöglicht letztere natürlich eine besonders anschauliche Darstellung von Herkunfts- und Aufenthaltseffekten und erlaubt durch die Einbeziehung erklärender Variablen auch die Verfolgung der Frage nach den Ursachen dieser Effekte (z. B. einer Diskriminierung in einzelnen Herkunftsländern).

Longitudinaldaten 7

Bei Paneldaten sind Messzeitpunkte in Befragten genested. Im Unterschied zu den vorher diskutierten Modellen ist die Reihenfolge der Messzeitpunkte wichtig und nicht austauschbar.

Man kann zeitvariierende und zeitkonstante (Befragten-spezifische) unabhängige Variablen unterscheiden. Variierende Variablen können spezifisch für den Messzeitpunkt oder sowohl für den Messzeitpunkt und die Befragten sein. Die abhängigen Variablen variieren immer über die Zeit.

Liegen gleiche Messzeitpunkte für alle Befragten vor, nennt man die Daten „balanciert". Wenn es zusätzlich keine fehlenden Werte gibt, nennt man die Daten „stark balanciert". Mehrebenenanalysen können (im Unterschied zu anderen Verfahren) auch benutzt werden, wenn die Daten nicht balanciert sind. Gleiche Verteilung der Messzeitpunkte über die Befragten ist ebenso wenig erforderlich. Unterschiedliche Zeitskalen sind in einem Modell möglich (Zeit, Alter) – vorausgesetzt, dass die Daten eine Differenzierung ermöglichen.

Mit dem bislang verwendeten PIONEUR-Datensatz lässt sich auch die Durchführung von Längsschnittanalysen mit Hilfe von Mehrebenenmodellen demonstrieren. Als abhängige Variable hatten wir bislang die Sprachkenntnisse zum Zeit-

---

Ergänzende Information Die elektronische Version dieses Kapitels enthält Zusatzmaterial, auf das über folgenden Link zugegriffen werden kann [https://doi.org/10.1007/978-3-658-47710-3_7].

© Der/die Autor(en), exklusiv lizenziert an Springer Fachmedien
Wiesbaden GmbH, ein Teil von Springer Nature 2025
M. Sand, M. Braun, *Mehrebenenanalyse*, Quantitative Sozialforschung,
https://doi.org/10.1007/978-3-658-47710-3_7

punkt der Befragung verwendet. Bei diesen Analysen lassen sich allerdings zwei Aspekte nicht voneinander separieren: die Sprachkenntnisse, die schon bei der Migration bestanden haben, und diejenigen, die sich erst im Verlaufe des Verbleibs der Migranten und Migrantinnen im Aufenthaltsland herausgebildet haben. Wir hatten weiterhin ausschließlich 2-Ebenen-Modelle betrachtet mit den Migranten und Migrantinnen als unterer und den Migranten- und Migrantinnengruppen als höherer Ebene. Das bedeutet, aber gleichzeitig auch, dass auf der unteren Ebene nur Variablen aufgenommen werden konnten, die die Migranten und Migrantinnen als solche charakterisieren, d. h. zeitkonstante, Befragten-spezifische unabhängige Variablen darstellten. Im PIONEUR-Datensatz ist aber neben den Sprachkenntnissen zum Zeitpunkt der Befragung noch eine weitere Messung von Sprachkenntnissen enthalten, nämlich zum Zeitpunkt der Migration selbst. Auch diese Messung beruht auf einer Selbsteinschätzung der Befragten und ist zudem retrospektiv, was gewisse Verzerrungen wahrscheinlich macht. Diese beiden Messungen der Sprachkenntnisse stellen nun unsere unterste Ebene dar, die wir als Zeitpunkt bezeichnen wollen. Für die nachfolgende Mehrebenenanalyse müssen wir den Datensatz also umstrukturieren. Fälle mit fehlenden Werten für mindestens eine der benötigten Variablen haben wir wieder im Vorfeld gelöscht, um die Vergleiche der Modelle hinsichtlich ihrer Anpassung möglich zu machen. Um den Datensatz für eine längsschnittliche Analyse verwenden zu können, sind jedoch einige Schritte erforderlich, die im elektronischen Zusatzmaterial genauer erläutert werden. Bei diesem Vorgang werden für jede Person die Sprachkenntnisse bei Migration und bei Befragung in jeweils eine Zeile übertragen. Weiterhin wird im Zuge dessen für weitere Analysen eine Variable zur Migrationsdauer, eine Altersvariable sowie eine Variable Freunde gebildet, die für den ersten Zeitpunkt den Wert 0 zugewiesen bekommt.

Wir erhalten ein 3-Ebenen-Modell mit den (beiden) Zeitpunkten als unterster, den Migranten und Migrantinnen als mittlerer und den Migranten- und Migrantinnengruppen als höchster Ebene. Auf der untersten Ebene haben wir mit jeweils zwei Zeitpunkten die kleinstmögliche Zahl von Messzeitpunkten. Daher verwundert es auch nicht, dass die darauf aufbauenden Mehrebenenanalysen schon rein technisch einigen Beschränkungen unterliegen. Dies zeigt sich bereits bei der Durchführung eines Varianzkomponenten-Modells. Es konvergiert nämlich nicht (siehe die letzten beiden Zeilen des Outputs).

Varianzkomponenten-Modell für die Längsschnittanalyse

```
leer <- lmer(Wert ~ 1 + (1| Gruppe/Befragte),
             data = h_long,
             REML=FALSE)
summary(leer)

## Linear mixed model fit by maximum likelihood . t-tests use Satterthwaite's
##   method [lmerModLmerTest]
## Formula: Wert ~ 1 + (1 | Gruppe/Befragte)
##    Data: h
##
##      AIC      BIC   logLik deviance df.resid
##  33787.4  33816.1 -16889.7  33779.4     9666
##
## Scaled residuals:
##     Min      1Q  Median      3Q     Max
## -2.40089 -0.89454 0.06848 0.74276 1.95288
##
## Random effects:
##  Groups         Name        Variance Std.Dev.
##  Befragte:Gruppe (Intercept) 0.0000   0.0000
##  Gruppe         (Intercept) 0.2414   0.4913
##  Residuals                  1.9094   1.3818
## Number of obs: 9670,    groups:    Befragte:Gruppe, 4825; Gruppe, 20
##
## Fixed effects:
##             Estimate Std. Error       df t value Pr(>|t|)
## (Intercept)   3.1771     0.1108  20.0060   28.68   <2e-16 ***
## ---
## Signif. codes: 0 '***' 0.001 '**' 0.01 '*' 0.05 '.' 0.1 ' ' 1
## optimizer (nloptwrap) convergence code: 0 (OK)
## boundary (singular) fit: see help('isSingular')
```

Das Problem sieht man auch unter „Random effects" bei der Varianzkomponente für die Ebene der Migranten und Migrantinnen (`Befragte:Gruppe (Intercept)`): Die Varianz auf der Migranten- und Migrantinnen-Ebene wird als null geschätzt. Dies würde bedeuten, dass die Mittelwerte für alle Migranten und Migrantinnen für die Sprachkenntnisse zum Zeitpunkt der Migration und der Befragung gleich wären. Begründet werden kann die Varianz von Null in diesem Fall damit, dass hier ja lediglich der Abstand zweier Ausprägungen betrachtet wird. Damit ist dies ein einzelner Wert, der für alle gleich ist, und somit als 1-Punkt-Verteilung zu verstehen, die nun einmal eine Varianz von Null hat. Dies ist aber – wie die früheren Analyseergebnisse in diesem Buch belegen – ganz sicher nicht der Fall. Diese Konvergenzprobleme kommen auch in den letzten beiden Zeilen des Outputs zum Ausdruck.

Nun ist aber bei Längsschnittanalysen die zeitliche Ordnung der Messungen wichtig; sie sind auch nicht austauschbar. Schon bei der Berücksichtigung dieses Strukturaspektes durch eine Dummy-Variable für den Messzeitpunkt löst sich dieses Problem aber und wir erhalten eine konvergierende Lösung mit einer nun plausiblen Repräsentation der Varianzkomponenten für die einzelnen Ebenen. Eine im eigentlichen Sinne „erklärende" Variable haben wir hier allerdings noch nicht eingeführt.

Die zusammenfassende Information für die einzelnen Modelle wird in Tab. 7.1 präsentiert. Der Code zur Berechnung der jeweiligen Modelle sowie der R-Output lässt sich mit Hilfe des elektronischen Zusatzmaterials nachvollziehen.

Tab. 7.1 Varianzkomponenten und Fixed Effects in den einzelnen Modellen (eigene Berechnung)

	Variablen auf Ebene der:			
	Nur Indikator für Messzeitpunkte	Messzeitpunkte	Messzeitpunkte und Migranten und Migrantinnen	Messzeitpunkte, Migranten und Migrantinnen und Migranten- und Migrantinnen-Gruppen
Varianzkomponenten:				
Migranten- und Migrantinnen-Gruppen	0,242	0,207	0,184	0,107
Migranten und Migrantinnen	0,367	0,373	0,300	0,300
Messzeitpunkte	0,777	0,714	0,714	0,714
Fixed Effects:				
Intercept	2,303 *	2,596 *	2,451 *	2,728 *
Zeitpunkt	1,748 *	0,864 *	0,886 *	0,886 *
Alter		0,008 *	0,010 *	−0,010 *
Freunde		0,341 *	0,331 *	0,330 *
Dauer		0,033 *	0,034 *	0,034 *
Geschlecht			0,020	0,022
Drittland			0,233 *	0,233 *
Arbeit			−0,038	−0,038
Vorerfahrung			−0,564 *	0,564 *
Lingdist				0,557 *
AIC	28.316,7	27.744,3	27.241,6	27.232,8

Varianzkomponenten-Modell mit Dummy-Variablen für die Messzeitpunkte für die Längsschnittanalyse

Man sieht nennenswerte Varianzkomponenten auf allen Ebenen. Dabei ist der Anteil, der auf die niedrigste Ebene, die Ebene der Zeitpunkte, entfällt, größer als der Anteil für die Varianzkomponenten auf den beiden höheren Ebenen zusammen. Dies ist natürlich nicht verwunderlich, da die niedrigste Ebene die individuellen Veränderungen bei den Migranten und Migrantinnen im Verlaufe ihres teilweise mehrere Jahrzehnte dauernden Verbleibs in den Aufenthaltsländern betrifft.

Ein direkter Vergleich mit den zuvor besprochenen 2-Ebenen-Modellen mit einer Migranten- und Migrantinnen-Ebene und einer Migranten- und Migrantinnengruppen-Ebene ist nun jedoch nicht mehr möglich, da sich die Zielvariable verändert hat: Wir versuchen hier nicht mehr die Sprachkenntnisse zum Zeitpunkt der Befragung zu erklären, sondern die Sprachkenntnisse zu irgendeinem der beiden Zeitpunkte.

Als nächstes müssen wir uns überlegen, welche mögliche explikative Variablen auf den drei unterschiedlichen Ebenen sein könnten. Der Einfachheit halber fangen wir auf der höchsten, der Migranten- und Migrantinnengruppen-Ebene, an. Hier benötigen wir Variablen, die zwischen den einzelnen Migranten- und Migrantinnengruppen variieren, aber für alle Einheiten niedrigerer Ebenen, die zu einer Migranten- und Migrantinnengruppe gehören (also sowohl der Ebene der Migranten und Migrantinnen als auch der Zeitpunkte), den gleichen Wert aufweisen. Damit können solche Variablen aber auch nur Varianz auf der höchsten Ebene erklären. Wir benutzen als einzige Variable auf der höchsten Ebene wie zuvor wieder die linguistische Distanz.

Als nächstes kommen wir zu den Variablen auf der Migranten- und Migrantinnen-Ebene. Solche Variablen dürfen für jede(n) einzelne(n) der Migranten und Migrantinnen nur einen Wert haben. Somit können sie zwar auch auf der höchsten Ebene Varianz erklären, aber nicht auf der niedrigsten Ebene. Hierzu wären Variablen erforderlich, die für alle Migranten und Migrantinnen potenziell unterschiedliche Werte für die beiden Messzeitpunkte annehmen könnten. Variablen auf der Migranten- und Migrantinnen-Ebene wären also z. B. das Geschlecht, das sich (in der Regel!) zwischen beiden Messzeitpunkten nicht verändert haben dürfte (zumindest wurde dies in der PIONEUR-Umfrage nicht erhoben). Weitere Variablen auf der Migranten- und Migrantinnen-Ebene können sich etwa auf folgende Sachverhalte beziehen: ob sich die Migranten und Migrantinnen jemals für einen längeren Zeitraum (mindestens drei Monate) in einem Drittland aufgehalten haben, ob sie vor der Migration in ihrem Ursprungsland erwerbstätig waren oder ob sie vor der aktuellen Migration bereits einen längeren Zeitraum (mindestens drei Monate) in ihrem jetzigen Aufenthaltsland verbracht haben. Besonders die letztere Variable dürfte einen nicht zu unterschätzenden Einfluss auf die Sprachkenntnisse haben (zu beiden hier betrachteten Zeitpunkten gleichermaßen, ohne aber Unterschiede zwischen den Zeitpunkten erklären zu können).

Auf der Ebene der Zeitpunkte könnten Variablen auf der Migranten- und Migrantinnen- Ebene nur dann relevant sein, wenn für die Migranten und Migrantinnen potenziell unterschiedliche Werte für die beiden Messzeitpunkte vorhanden sind bzw. aus den vorhandenen Daten erschlossen werden können. Dies könnte z. B. für den Aufenthalt in einem Drittland gelten, wenn separate Informationen für die Zeit vor der Migration bzw. seit der Migration bis zur Befragung vorliegen. Gegebenenfalls können Variablen auf der Befragten-Ebene des 2-Ebenen-Modells zur Erklärung der Sprachkenntnisse zum Zeitpunkt der Befragung auch hier verwendet werden, wenn plausible Annahmen zur Ausprägung der Variablen zum Zeitpunkt der Migration gemacht werden können. Hier haben wir die – empirisch sicher in einigen Fällen nicht zutreffende – Annahme gemacht, dass die Migranten und Migrantinnen bei der Migration noch nicht über Freundschaften zu Menschen aus dem Aufenthaltsland verfügt haben. Weiterhin haben wir die – im 2-Ebenen-Modell auf der Migranten- und Migrantinnen-Ebene lokalisierte – Variable Dauer des Verbleibs im Aufenthaltsland transformiert. Hierbei wird für den Zeitpunkt der Migration der Wert null eingesetzt. Damit wird aus einer Variablen auf der Migranten- und Migrantinnen-Ebene eine Variable auf der Ebene der Zeitpunkte. Schließlich können wir auch das Alter der Migranten und Migrantinnen problemlos für beide Zeitpunkte bestimmen und somit aus einer Variablen auf der Migranten- und Migrantinnen-Ebene wiederum eine Variable auf der Ebene der Zeitpunkte machen. Dieses Vorgehen ist beim Alter, bei der Zahl der Freunde aus dem Aufenthaltsland (Freunde) und der Dauer des Verbleibs im Aufenthaltsland (Dauer) möglich, weil alle diese Variablen eigentlich über die Zeit variierende Befragten-spezifische Variablen sind. Ob die Migranten und Migrantinnen bereits vor der aktuellen Migration einen längeren Zeitraum in ihrem jetzigen Aufenthaltsland verbracht haben, ist demgegenüber in dem vorliegenden Modell eine zeitkonstante Befragtenspezifische Variable. Potenziell unterschiedliche Werte für die einzelnen Zeitpunkte lassen sich daraus nicht ableiten, da das Ereignis definitionsgemäß schon vor der Migration stattgefunden haben muss und es deshalb auch keinen spezifischen Wert für den zweiten Zeitpunkt geben kann.

Wir fügen jetzt die Variablen aus den drei Ebenen in umgekehrter Reihenfolge zu unserer obigen Diskussion in Random-Intercept Modelle ein. D.h. wir beginnen mit einem Modell, das nur die drei Variablen auf der Ebene der Messzeitpunkte enthält, und fügen danach in zwei Schritten noch die Variablen auf den Ebenen der Migranten und Migrantinnen und der Migranten- und Migrantinnengruppen hinzu.

Random-Intercept Modell mit Variablen auf der Ebene der Messzeitpunkte

Etwa 8 % der Varianz auf der Ebene der Messzeitpunkte wird durch die drei Variablen dieser Ebene erklärt. Dieser Wert ist nun insofern endgültig, als durch die Variablen der anderen beiden Ebenen keine zusätzliche Erklärung auf der Ebene der Messzeitpunkte mehr möglich ist. Die unerklärte Varianz auf der Ebene der Migranten und Migrantinnen steigt noch ganz leicht an, während die auf der Ebene der Migranten- und Migrantinnengruppen um fast 15 % sinkt. Den stärksten Effekt hat – wie auch nicht anders zu erwarten – die Dauer des Aufenthalts (t-Wert von 18,0; in Tabelle nicht reproduziert). Auch die Freunde aus dem Aufenthaltsland haben – trotz der möglicherweise nicht realistischen Bildung dieser Variablen – einen erheblichen Einfluss (t-Wert von 13,6). Am geringsten ist der Einfluss des Alters (t- Wert von −7,5).

Random-Intercept Modell mit Variablen auf der Ebene der Messzeitpunkte sowie der Migranten- und Migrantinnen-Ebene

Die zusätzliche Aufnahme der Variablen auf Ebene der Migranten und Migrantinnen führt nun auf dieser Ebene um eine Reduktion der unerklärten Varianz um etwa ein Fünftel und auch die Varianz auf der Ebene der Migranten- und Migrantinnengruppen sinkt weiterhin.

Das Geschlecht und eine frühere Erwerbstätigkeit im Herkunftsland (`Arbeit_coo`) spielt bei der Erklärung keine Rolle. Ein mindestens drei-monatiger Aufenthalt in einem Drittland (`Drittland`) und ein mindestens drei-monatiger früherer Besuch in dem Aufenthaltsland selbst (`Vorerfahrung`) wirken sich jedoch positiv auf die Sprachkenntnisse aus – und wir sollten hinzufügen: (ohne weitergehende Informationen) sowohl auf die Sprachkenntnisse bei der Migration als auch bei der Befragung. Die Effekte der auf der Ebene der Messzeitpunkte angesiedelten Variablen bleiben im Wesentlichen unverändert.

Random-Intercept Modell mit Variablen auf der Ebene der Messzeitpunkte sowie der Migranten- und Migrantinnen-Ebene und der Migranten- und Migrantinnengruppen-Ebene

Abschließend wird noch die linguistische Distanz (`Lingdist`) als einziger Variablen aus der Ebene der Migranten- und Migrantinnengruppen eingeführt. Hierdurch wird die verbliebene Varianz auf ebendieser Ebene noch einmal fast halbiert. Auf die anderen Ebenen kann sich eine Variable aus der Ebene der Migranten- und Migrantinnengruppen nicht auswirken.

Als Alternative zu Mehrebenenmodellen werden hier häufig – besonders in der Ökonometrie – sogenannte Fixed-Effects Modelle (Panelregression) verwendet (Allison 2009; Wooldridge 2002). Dabei wird unbeobachtete Heterogenität zwischen den Befragten durch feste befragtenspezifische Effekte modelliert; jeder und jede Befragte ist Kontrolle für sich selbst. Diese Verfahren sind besonders dort beliebt, wo genuine kausale Einflüsse im engeren Sinne modelliert werden sollen. Der Einfluss von über die Zeit konstanten Merkmalen der Befragten können dann aber nicht berücksichtigt werden. Begründet wird dies häufig damit, dass für solche Merkmale aber auch eine genuin kausale Wirkung in der Regel nicht nachgewiesen werden kann. Dies liegt daran, dass die Annahmen der Exogenität der Kovariaten und der Normalverteilung der Residuen oft nicht gegeben ist.

Bell & Jones (2015) haben nun aber gezeigt, dass korrekt spezifizierte Random-Effects Modelle nicht schlechter sind als Fixed-Effects Modelle, aber deren Nachteile vermeiden. Wie wir bei der Diskussion der Zentrierung unabhängiger Variablen schon gesehen haben, lässt sich der Effekt einer Variablen auf der niedrigeren Ebene in zwei Komponenten zerlegen (Bell et al. 2018): einen Within-Effekt (der über die Abweichungen vom jeweiligen Gruppenmittel erfasst wird) und einen Between-Effekt (der als Effekt der Gruppenmittel als Variable verstanden werden kann). Beide Komponenten brauchen keineswegs identisch zu sein, sie können sogar in unterschiedliche Richtung wirken. Wird auf eine Zentrierung verzichtet, so stellt der Effekt einer (unzentrierten) Variable eine (nicht einfach zu interpretierende) Mischung aus dem jeweiligen Within- und Between- Effekt dar. Die unerklärte Varianz wird den Fehlertermen zugeschlagen, die dann aber mit dem Kovariaten korreliert sind. Bei Fixed-Effects Modellen werden die Einheiten der höheren Ebene selbst als Dummy-Variablen aufgenommen, bzw. durch Zentrieren sowohl der abhängigen als auch der unabhängigen Variablen aus dem Modell entfernt. Ein Hausman-Test als Test, ob Random- oder Fixed-Effects Modelle verwendet werden sollen, ist überflüssig; er ist faktisch ein Test auf die Ähnlichkeit von Between- und Within-Effekten (Bell und Jones 2015). Die Differenz zwischen beiden Effekten, d. h. dem Between- und Within-Effekt, wird im Übrigen auch als Kontexteffekt bezeichnet (Grilli und Rampichini 2018).

Eine fehlende Separierung von Within- und Between-Effekt lässt sich durch Zentrieren der unabhängigen Variablen an den jeweiligen Gruppenmitteln und Aufnahme der Gruppenmittel als zusätzliche erklärende Variablen lösen. Dies erhöht natürlich die Zahl der zu schätzenden Parameter auf der höheren Ebene und – in Abhängigkeit von der Zahl der Einheiten auf der höheren Ebene – kann man hier leicht an Grenzen geraten. Allerdings können die Gruppenmittel auch wieder aus der Gleichung entfernt werden, insbesondere wenn andere, mit ihnen stark korrelierende Variablen auf der höheren Ebene aufgenommen werden (Bell und Jones 2015).

Besondere Probleme und Versuche ihrer Lösung

8

Im Folgenden diskutieren wir noch einige besondere Problemlagen, die für eine weitergehende Beschäftigung mit der Mehrebenenanalyse relevant sind, die aber in der Forschungspraxis vernachlässigt werden können.

8.1 Noch einmal: Die Frage der notwendigen Fallzahlen

Wir kommen hier noch einmal auf die Frage der notwendigen Fallzahlen zurück. In Abhängigkeit von der Art und den jeweils interessierenden Komponenten des Mehrebenenmodells können sich unterschiedliche Anforderungen ergeben. Grilli & Rampichini (2018) führen in diesem Zusammenhang beispielsweise als relevante Variablen auf: Art des Mehrebenenmodells (linear oder nicht-linear (logistisch), Random-Intercept oder Random-Slope Modelle), durchschnittliche Größe der Einheiten auf der höheren Ebene sowie die wahren Werte der Parameter, ob nur Koeffizienten auf der untersten Ebene zu schätzen sind oder auch auf der bzw. den höheren Ebenen. Ebenso werden für die Schätzung von Varianzkomponenten höhere Fallzahlen auf der höheren Ebene benötigt als für die Schätzung von Koeffizienten, und insbesondere solchen von Variablen der niedrigeren Ebene. Für verschiedene Aspekte eines Modells gibt es dabei also unterschiedliche Anforderungen. So werden etwa die Effekte der Variablen auf der niedrigen Ebene auch bei einer geringen Zahl von Einheiten auf der höheren Ebene richtig geschätzt. Bryan & Jenkins (2016) kommen anhand von Simulationen zu dem Ergebnis, dass für Mehrebenenmodelle mit einer metrischen abhängigen Variable mindestens 25 und für Modelle mit einer dichotomen abhängigen Variable mindestens 30 Einheiten auf der höheren Ebene erforderlich sind. Auch andere Studien kommen zu ähnlichen Ergebnissen hinsichtlich der Zahl der höheren Einheiten; so gehen Maas & Hox (2005) etwa von 30–50 höheren Einheiten aus.

Stegmueller (2013) kommt aufgrund von Simulationen zu dem Ergebnis, dass die Zahl der Einheiten auf der höheren Ebene schon dann 15–20 betragen sollte, wenn nur Random-Intercept Modelle geschätzt werden – für geringere Anzahlen sollte auf Bayes'sche Verfahren zurückgegriffen werden. Besonders problematisch wird es bei Random-Slope Modellen oder wenn Cross-Level Interaktionen geschätzt werden sollen. Sollen zahlreiche Cross-Level Interaktionen geschätzt werden, können selbst Bayes'sche Verfahren an ihre Grenzen kommen.

Dem widersprechen Elff et al. (2021) mit einer modifizierten Replikation der Simulationen von Stegmüller. Sie gehen davon aus, dass selbst für nur fünf Einheiten auf der höheren Ebene bestimmte Ergebnisse durchaus brauchbar sind und dass in der Regel auf die Anwendung von Bayes'sche Verfahren verzichtet werden kann. Bayes'sche Verfahren sprengen den Rahmen dieser Einführung. Eine einführende statistische Darstellung bietet Gelman & Hill (2009), ein R-Paket (brms) hat Bürkner (2017, 2018) vorgelegt.

Allerdings empfehlen Elff et al. (2021) bei kleinen Fallzahlen auf der höheren Ebene die Verwendung eines Restricted Maximum-Likelihood Schätzers (REML) an Stelle eines normalen Maximum-Likelihood Schätzers (ML). Beide Schätzverfahren produzieren vergleichbare Koeffizienten. Allerdings sind die Varianzen auf der höheren Ebene beim ML-Schätzer kleiner. Damit werden dann auch die Standardfehler der Koeffizienten unterschätzt und diese damit zu schnell signifikant. Zusätzlich empfehlen die Autoren noch die Verwendung der t-Verteilung. In einem Online-Appendix ihres Papiers beschreiben die Autoren ihr Vorgehen – unter Verwendung von R – im Detail.

Im Normalfall lässt sich die Anzahl der Einheiten auf höheren Ebenen nicht einfach vermehren. Schmidt-Catran, Fairbrother & Andreß (2019) weisen jedoch auf eine Möglichkeit hin, die sich für Forscher in den letzten Jahren zunehmend bietet. Es handelt sich dabei um das Ausnutzen der Tatsache, dass in der international vergleichenden Sozialforschung durch die Replikation der Umfragen in schnell steigendem Ausmaß die gleichen Informationen zu mehreren Zeitpunkten erhoben worden sind. Dabei lassen sich dann auch – wegen der Messung zu verschiedenen Zeitpunkten – Effekte auf Ebene der Länder auf der Grundlage der Variation zwischen den Zeitpunkten messen. Dies erleichtert die kausale Interpretation (Giesselmann & Schmidt-Catran 2019), die sonst durch einen „omitted variable bias" – also die Nichtberücksichtigung von Variablen, die sowohl mit der abhängigen als auch mit unabhängigen Variablen korrelieren – bedroht ist. Allerdings gilt die mögliche Unterschiedlichkeit von Within- und Between-Effekten auch hier. Eine weitere Voraussetzung ist, dass die entsprechenden Variablen sich über die Zeit nicht nur marginal ändern – ansonsten gibt es ja keine Varianz in den unabhängigen Variablen, mit der die Varianz in der abhängigen Variablen erklärt werden könnte. Einschränkend muss natürlich erwähnt werden, dass durch dieses Vorgehen die Zahl der Länder selbst nicht erhöht werden kann und sich die Fragestellung teilweise verändert.

8.2 Random-Slope Modelle oder Random-Intercept Modelle

Es gibt eine Diskussion darüber, inwieweit Mehrebenemodelle maximal oder sparsam gehalten werden sollen. Barr et al. (2013) bevorzugen Random-Slope Modelle selbst dann, wenn es keine signifikanten Varianzkomponenten für Variablen auf der niedrigeren Ebene gibt. Demgegenüber argumentieren Matuschek et al. (2017) für sparsame Modelle, d.h. in solchen Fällen würde man auf Random-Intercept Modelle zurückgehen, wie wir dies in unserem Beispiel der Modellselektion gemacht haben. Selbst wenn eine Beibehaltung von Random-Slope Modellen in diesen Fällen theoretische Vorteile haben mag, sehen wir die Sinnhaftigkeit eines solchen Vorgehens auch durch Beschränkungen der Forschungspraxis bedroht. Es ist einfach für Modelle mit einer hohen Anzahl von unabhängigen Variablen auf der niedrigen Ebene zumindest unpraktisch, für sie alle dazugehörigen Random- Slopes beizubehalten. Auch Konvergenzprobleme wären damit vorprogrammiert (Bates et al. 2015). Bell, Fairbrother & Jones (2019) sehen zwar auch die praktischen Schwierigkeiten einer Verwendung von Random-Slopes für eine größere Zahl von unabhängigen Variablen. Sie befürworten dies dennoch bei zentralen Variablen. Heisig & Schaeffer (2019) gehen besonders auf den Fall ein, dass im Modell eine Cross-Level Interaktion vorkommt. In diesen Fällen sind sie grundsätzlich für die Aufnahme von Random-Slopes – auch wenn diese nicht signifikant sind – für alle beteiligten Variablen der niedrigeren Ebene. Eine Ausnahme sehen sie nur dann vor, wenn die Cross-Level Interaktion wirklich die gesamte Varianz erklärt.

Wir würden uns bei der von Barr et al. (2013) und anderen Autoren vorgeschlagenen grundsätzlichen Schätzung von Random-Slope Modellen – zumindest bei der derzeitigen Evidenzlage – nicht anschließen. Allerdings ist es oft sinnvoll, Modelle mit und ohne Random-Slopes miteinander zu vergleichen. Kommt es zu Abweichungen bei der Größe und Signifikanz von Effekten auf der niedrigeren Ebene und von Cross-Level Interaktionen, ist natürlich Vorsicht geboten. Darüber hinaus ist es sinnvoll, solche Diskrepanzen in den Forschungspapieren zu berichten. Heisig, Schaeffer & Giesecke (2017) können sogar zeigen, dass sich die Präzision von direkten Kontexteffekten und Cross-Level Interaktionen verschlechtert, wenn die Effekte von – inhaltlich nicht weiter interessierenden – Kontrollvariablen (wie Alter und Geschlecht) über die einzelnen höheren Einheiten als konstant angenommen werden. Allerdings verschlimmert sich das Problem noch, wenn für alle diese Variablen ein Random-Slope zugelassen wird. Die optimale Strategie sehen die Autoren darin, eine informierte Balance zwischen einem flexiblen (maximale Zahl von Random-Slopes) und sparsamen Modell zu finden. Die Autoren diskutieren verschiedene Kriterien, die bei der Modellselektion berücksichtigt werden könnten. Weitere Forschung in diesem Gebiet bleibt aber erforderlich, insbesondere hinsichtlich der Auswirkungen komplexerer Datenstrukturen.

8.3 (Full) Maximum-Likelihood oder Restricted Maximum-Likelihood Schätzer

Der Unterschied zwischen einem Full Maximum-Likelihood und einem Restricted Maximum-Likelihood Schätzer besteht darin, dass bei einem Full Maximum-Likelihood Schätzer alle Parameter der Regressionsgleichung gleichzeitig und unter Berücksichtigung aller enthaltenen Variablen optimiert werden. Bei einem Restricted Maximum-Likelihood Schätzer trifft dies nicht zu. Bei diesem wird ein oder mehrere Parameter zuerst auf einen bestimmten Wert festgelegt, bevor das Modell optimiert wird. Dies ermöglicht die Überprüfung der Auswirkung einiger Variablen ohne dass alle Parameter des Modells gleichzeitig kontrolliert werden müssen.

In Abschn. 8.1 haben wir schon erwähnt, dass Elff et al. (2021) bei kleinen Fallzahlen auf der höheren Ebene die Verwendung eines Restricted Maximum-Likelihood Schätzers (REML) an Stelle eines normalen Maximum-Likelihood Schätzers (ML) empfehlen. Grund hierfür war, dass die Varianzen auf der höheren Ebene beim ML-Schätzer kleiner sind, womit dann auch die Standardfehler der Koeffizienten unterschätzt werden und diese zu schnell als signifikant ausgewiesen werden. Andererseits erlaubt der ML-Schätzer den Vergleich genesteter Modelle – der REML-Schätzer nur bei Modellen, die sich ausschließlich hinsichtlich der Random, aber nicht der Fixed Effects unterscheiden.

Literatur

Allison, Paul D. 2009. *Fixed effects regression models*. London: Sage.
Barr, Dale J., Roger Levy, Christoph Scheepers, und Harry J. Tily. 2013. Random effects structure for confirmatory hypothesis testing: Keep it maximal. *Journal of Memory and Language* 68:255–278.
Bates, Douglas, Reinhold Kliegl, Shravan Vasishth, und R. Harald Baayen. 2015. Parsimonious mixed models. arXiv, preprint arXiv:1506.04967. https://arxiv.org/abs/1506.04967.
Bates, Douglas, Martin Maechler, Ben Bolker, und Steve Walker. 2021. lme4: Linear mixed-effects models using ‚Eigen' and S4. R Package Version 1.1-27.1. https://cran.r-project.org/web/packages/lme4/lme4.pdf.
Bell, Andrew, Malcolm Fairbrother, und Kelvyn Jones. 2019. Fixed and random effects models: Making an informed choice. *Quality and Quantity* 53:1051–1074. https://doi.org/10.1007/s11135-018-0802-x.
Bell, Andrew, und Kelvyn Jones. 2015. Explaining fixed effects: Random effects modeling of time-series cross-sectional and panel data. *Political Science Research and Methods* 3:133–153.
Bell, Andrew, Kelvyn Jones, und Malcolm Fairbrother. 2018. Understanding and misunderstanding group mean centering: A commentary on Kelley et al.'s dangerous practice. *Quality & Quantity* 52:2031–2036.
Braun, Michael. 2010. Foreign language proficiency of intra-European migrants: A multilevel analysis. *European Sociological Review* 26:603–617.
Bruch, Christian. 2016. Varianzschätzung unter Imputation und bei komplexen Stichprobendesigns. https://ubt.opus.hbz-nrw.de/frontdoor/index/index/year/2016/docId/734.
Bürkner, Paul-Christian. 2017. Brms: An R package for Bayesian multilevel models using Stan. *Journal of Statistical Software* 80:1–28. https://doi.org/10.18637/jss.v080.i01. https://www.jstatsoft.org/v080/i01.
Bürkner, Paul-Christian. 2018. Advanced Bayesian multilevel modeling with the R package brms. *The R Journal* 10:395–411. https://journal.r-project.org/archive/2018/RJ-2018-017/index.html.
Bryan, Mark L., und Stephen P. Jenkins. 2016. Multilevel modelling of country effects: A cautionary tale. *European Sociological Review* 32:3–22.

Elff, Martin, Jan Paul Heisig, Martin Schaeffer, UND Susumu Shikano. 2021. Multilevel analysis with few clusters: Improving likelihood-based methods to provide unbiased estimates and accurate inference. *British Journal of Political Science* 51: 412–426, https://doi.org/10.1017/S0007123419000097.

Enders, Craig K., und Davood Tofighi. 2007. Centering predictor variables in cross-sectional multilevel models: A new look at an old issue. *Psychological Methods* 12:121–138.

ESS. https://www.europeansocialsurvey.org/about/ EVS https://europeanvaluesstudy.eu/.

Finch, W. Holmes, Jocelyn E. Bolin, und Ken Kelley. 2019. *Multilevel modeling using R*, 2. Aufl. Boca Raton: CRC Press.

Gelman, Andrew, und Jennifer Hill. 2009. *Data analysis using regression and multilevel/hierarchical models*. Cambridge: Cambridge University Press.

Giesselmann, Marco, und Alexander W. Schmidt-Catran. 2019. Getting the within estimator of cross-level interactions in multilevel models with pooled cross-sections: Why country dummies (sometimes) do not do the job. *Sociological Methodology* 49:190–219.

Goldstein, Harvey. 2010. *Multilevel statistical models*, 4. Aufl. Chichester: Wiley.

Grilli, Leonardo, und Carla Rampichini. 2018. A handful of critical choices in multilevel modelling. *Boletín de Estadística e Investigación Operativa* 34:7–24.

Heisig, Jan Paul, und Merlin Schaeffer. 2019. Why you should always include a random slope for the lower-level variable involved in a cross-level interaction. *European Sociological Review* 35:258–279. https://doi.org/10.1093/esr/jcy053.

Heisig, Jan Paul, Merlin Schaeffer, und Johannes Giesecke. 2017. The costs of simplicity: Why multilevel models may benefit from accounting for cross-cluster differences in the effects of controls. *American Sociological Review* 82:796–827.

Hox, Joop J., Mirjam Moerbeek, und Rens van de Schoot. 2018. *Multilevel analysis. Techniques and applications*, 3. Aufl. New York: Routledge.

Hox, Joop J., und J. Kyle Roberts. 2011. *Handbook of advanced multilevel analysis*. New York: Routledge.

ISSP International Social Survey Programme. http://www.issp.org/.

ISSP Research Group. 1997. International Social Survey Programme: Family and Changing Gender Roles II – ISSP 1994. GESIS Datenarchiv, Köln. ZA2620 Datenfile Version 1.0.0 https://doi.org/10.4232/1.2620.

Krämer, Walter. 2011. *Denkste! Trugschlüsse aus der Welt der Zahlen und des Zufalls*. München: Piper.

Leifeld, Philip. 2013. Texreg: conversion of statistical model output in R to LaTeX and HTML tables. *Journal of Statistical Software* 55:1–24.

Ligges, Uwe. 2008. *Programmieren mit R*. Berlin: Springer.

Luhmann, Maike. 2020. *R für Einsteiger*, 5. Aufl. Weinheim: Beltz.

Maas, Cora J.M., und Joop J. Hox. 2005. Sufficent sample sizes for multilevel modeling. *Methodology* 1:86–92.

Manderscheid, Katharina. 2017. *Sozialwissenschaftliche Datenanalyse mit R*. Wiesbaden: VS Verlag für Sozialwissenschaften.

Matuschek, Hannes, Reinhold Kliegl, Shravan Vasishth, Harald Baayen, und Douglas Bates. 2017. Balancing type I error and power in linear mixed models. *Journal of Memory and Language* 94:305–315.

Mundt, Fabian, und Kenneth Horvath. 2025. R Essentials. Einführung in die moderne sozialwissenschaftliche Datenanalyse. Wiesbaden: Springer.

Nakagawa, Shinichi, Paul C.D. Johnson, und Holger Schielzeth. 2017. The coefficient of determination R2 and intra-class correlation coefficient from generalized mixed-effects models revisited and expanded. *Journal of the Royal Society Interface* 14:20170213. https://doi.org/10.1098/rsif.2017.0213. NSD MacroData Guide. https://nsd.no/macrodataguide/, https://www.europeansocialsurvey.org/data/multilevel/guide/about.html.

Raudenbush, Stephen W., und Anthony S. Bryk. 2002. *Hierarchical linear models*. Thousand Oaks: Sage.

Rabe-Hesketh, Sophia, und Anders Skrondal. 2012. *Multilevel and longitudinal modeling using stata. Volume I: Continuous responses*, 3. Aufl. College Station: Stata Press.

R Core Team. 2023. *R: A language and environment for statistical computing*. Vienna: R Foundation for Statistical Computing. https://www.R-project.org/.

Recchi, Ettore, und Adrian Favell, Hrsg. 2009. *Pioneers of European integration: Citizenship and mobility in the EU*. Cheltenham: Edward Elgar.

Robinson, William S. 1950. Ecological correlations and the behavior of individuals. *American Sociological Review* 15:351–357.

Schmidt-Catran, Alexander W., Malcolm Fairbrother, und Hans-Jürgen Andreß. 2019. Multilevel models for the analysis of comparative survey data: Common problems and some solutions. *Kölner Zeitschrift für Soziologie und Sozialpsychologie* 71:99–128.

Skrondal, Anders, und Sophia Rabe-Hesketh. 2004. *Generalized latent variable modeling: Multilevel, longitudinal, and structural equation models*. Boca Raton: Chapman & Hall/ CRC Press.

Snijders, Tom, und Roel Bosker. 1999. *Multilevel Analysis: An Introduction to Basic and Advanced Multilevel Modeling*. http://lst-iiep.iiepunesco.org/cgi-bin/wwwi32.exe/[in=epidoc1.in]/?t2000=013777/(100).

Snijders, Tom A.B., und Roel J. Bosker. 2012. *Multilevel analysis. An introduction to basic and advanced multilevel modeling*, 2. Aufl. London: Sage.

Stanat, Petra, Kurt Schwippert, und Carola Gröhlich. 2010. Der Einfluss des Migrantenanteils in Schulklassen auf den Kompetenzerwerb. Längsschnittliche Überprüfung eines umstrittenen Effekts. In *Migration, Identität, Sprache und Bildungserfolg*, Hrsg. Cristina Allemann-Ghionda, Petra Stanat, Kerstin Göbel, und Charlotte Röhner, 147–164. Weinheim: Beltz.

Stegmueller, Daniel. 2013. How many countries for multilevel modeling? A comparison of frequentist and Bayesian approaches. *American Journal of Political Science* 57:748–761.

Szmaragd, Camille, und George Leckie. 2011. *Module 5. Introduction to multilevel modeling. R practical*. Bristol: Centre for Multilevel Modelling. http://www.cmm.bris.ac.uk/lemma.

van Buuren, Stef. 2018. *Flexible imputation of missing data*, 2. Aufl. Chapman and Hall/ CRC. https://doi.org/10.1201/9780429492259.

Venables, W. N., David M Smith, und the R Core Team. 2024. An introduction to R. Notes on R: A programming environment for data analysis and graphics. Version 4.4.4 (2024-04-24). https://cran.r-project.org/doc/manuals/r-release/R-intro.pdf.

Wickham, Harvey, Mine Çetinkaya-Rundel, und Garrett Grolemund. 2023. *R for data science: Import, Tidy, Transform, Visualize, and Model Data*, 2. Aufl. Sebastopol: O'Reilly Media. https://r4ds.hadley.nz/.

Wooldridge, Jeffrey M. 2002. *Econometric analysis of cross section and panel data*. Cambridge, MA: MIT Press.

World Values Survey Association. 2020. World values survey. https://www.worldvaluessurvey. org/wvs.jsp.

MIX
Papier aus verantwortungsvollen Quellen
Paper from responsible sources
FSC® C105338

If you have any concerns about our products,
you can contact us on
ProductSafety@springernature.com

In case Publisher is established outside the EU,
the EU authorized representative is:
**Springer Nature Customer Service Center GmbH
Europaplatz 3, 69115 Heidelberg, Germany**

Printed by Libri Plureos GmbH
in Hamburg, Germany